互联网营销实务

许慧珍 主 编

李 鲤 谢海云 赵慧娴 副主编

清华大学出版社

北京

内 容 简 介

"网络营销"是电子商务等商贸类专业的核心课程之一,其前导课程有电子商务概论、市场营销,后续课程有短视频直播营销、电商运营等。本书包括网络营销基础、网络营销推广、网络营销管理3篇,共8个项目,23个任务,其内容落实教育立德树人根本任务,并将思政元素有机融入教材。本书是精品在线课程"网络营销"的配套教材,旨在探索线上线下混合式教学模式的改革与实践。

本书适用于高职高专电子商务、移动电子商务、跨境商务、市场营销、物流管理等专业的在校生、继续教育学习者及互联网营销从业人员。

图书在版编目(CIP)数据

互联网营销实务/许慧珍主编. —北京:清华大学出版社,2024.1
ISBN 978-7-302-65174-1

Ⅰ. ①互… Ⅱ. ①许… Ⅲ. ①网络营销 Ⅳ. ①F713.365.2

中国国家版本馆 CIP 数据核字(2024)第 011248 号

责任编辑:王剑乔
封面设计:刘　键
责任校对:刘　静
责任印制:曹婉颖

出版发行:清华大学出版社
　　　网　　　址:https://www.tup.com.cn,https://www.wqxuetang.com
　　　地　　　址:北京清华大学学研大厦 A 座　　　邮　　编:100084
　　　社 总 机:010-83470000　　　邮　　购:010-62786544
　　　投稿与读者服务:010-62776969,c-service@tup.tsinghua.edu.cn
　　　质量反馈:010-62772015,zhiliang@tup.tsinghua.edu.cn
印 装 者:小森印刷霸州有限公司
经　　销:全国新华书店
开　　本:185mm×260mm　　　印　张:11.75　　　字　　数:265千字
版　　次:2024年1月第1版　　　印　　次:2024年1月第1次印刷
定　　价:42.00元

产品编号:102381-01

本书编委会

主　　任　王小辉　吴　萍

副 主 任　方小铁　林育青

编　　委　(排名不分先后)

张海涛　林扬东　刘钦创　陈明忠　刘汉清　李　湲

张文腾　黄小铭　周小酉　林文雄　詹丽峰

前　言

习近平总书记在党的二十大报告中强调,要加快发展数字经济。提升全民数字素养与技能是建设技能型社会,促进人的全面发展的战略任务。本书按照网络营销工作流程及岗位设置要求,围绕市场调研、营销策划和网络推广等网络营销核心工作,详细介绍了网络营销基础、网络营销策略及网络营销主流方法和手段等内容,从而为学生从事网店运营、网络推广、网站策划、网站编辑、新媒体运营、微博专员、微信专员等岗位工作打下良好基础。凡有学习网络营销意愿并具备基本学习条件的学生、教师和电子商务从业者,均能够通过自主使用本书实现系统化、个性化学习,并实现即学即练的效果。本书将对学生职业能力培养和职业素质养成起到支撑作用和促进作用。

本书的特点如下。

1. 落实立德树人根本任务,课程思政有机融入

教材落实教育立德树人根本任务,将思政元素有机融入课程教学,整个课程体系以社会主义核心价值观为引领,以校企双导师开展教学,实现思政元素教学内容全覆盖,岗位技能纵向贯通,理论实践双线融通,培养学生的政治认同、专业素养、双创能力和工匠精神。

思政融入的教材内容体系如下图所示。

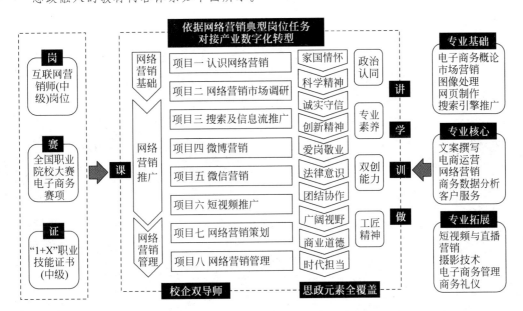

2. 聚焦新产业新需求,岗赛课证融通重构课程体系

本书以"网络营销"岗位典型工作任务为基础,对接新形势下传统优势产业数字化转型实战项目,校企合作重构适应岗位需求的递进式课程内容。课程同时融入互联网营销(中级)岗位要求、全国职业技能大赛电子商务等赛项内容,以及数字营销、网店运营推广等职业技能证书标准,为学生量身定制"职业技术达标十综合职业能力提级"增值培养体系。

3. 推进混合式教学模式,"智慧十"改进教学方法

本书是省级继续教育优质网络课程、校级精品在线开放课程"网络营销"的配套教材。师生可以结合数智化教学环境,充分利用信息化手段开展线上线下相结合的混合式教学模式,综合应用讲授法、任务驱动、自主学习法、协作学习等方法开展教和学。本书适用于电子商务、移动电子商务、跨境商务、市场营销、物流管理等专业的学生在校学习,以及继续教育学习者及互联网营销从业人员利用业余时间学习。

本书由许慧珍担任主编,李鲤、谢海云、赵慧娴担任副主编,企业导师李秀娜、刘小瑜、张华、高思泽等参与编写。具体分工如下:项目二、项目三由李鲤编写,项目六由谢海云编写,项目一中的任务三由赵慧娴编写,其余项目及任务由许慧珍编写。全书的案例和项目实训由团队成员及企业导师共同完成。

鉴于网络营销具有内容覆盖广、方法手段发展快、案例时效性强等特点,本书疏漏之处在所难免,欢迎读者指正。

编 者

2023 年 10 月

网络营销基础篇

网络营销管理篇

网络营销基础篇

认识网络营销

学习目标

知识目标：了解电子商务企业组织结构；熟悉网络营销岗位类型及职责；掌握网络营销的概念和特点；掌握网络营销的理论基础。

能力目标：能够根据自身特点和网络营销岗位设计自己的职业发展规划；能够正确理解网络营销的内涵；能够描述网络营销与传统营销、电子商务的区别。

素质目标：具有良好的沟通能力；具有较强的学习能力；具有经营思维。

思政目标：具有爱岗敬业的职业精神；培养精益求精、求真务实的工匠精神。

知识思维导图

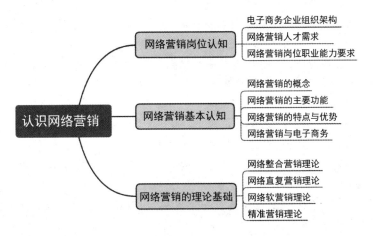

引导案例

钉钉"在线求饶"，"卖惨"营销堪称危机公关典范

2020年，钉钉经历了自诞生以来的最高增长，下载量甚至超过了微信。这样的高光时刻让所有人意识到，钉钉的强大影响力以及未来不可忽视的巨大潜力。

然而钉钉也遭遇到了让人啼笑皆非的难题，短短不到一个月内，钉钉突然涌现几十万个一星差评，导致前几天还是 4.9 分的钉钉，今天直接掉到了 1.3 分，甚至传出因过低评分被迫下架的消息。

面对这样的状况，钉钉也是有苦说不出，最终只能"在线求饶"！

1. 钉钉"认怂"，"在线求饶"

钉钉这一次不仅姿态够低，更"怂"的是还发布了一个"在线求饶"的视频，"跪求各位少侠一次性付清"。相信看完钉钉的各种跪式求饶，也能消灭老师和学生心中的丝丝怒火，抑制评分越走越低的现状。

之所以造成这样的局面，主要是受疫情影响，国家提出"停课不停学"号召。原本还沉浸在假期延长，不用上课的"幸福"中的学生，还没来得及高兴，却要在家上起了"网课"。

同时还被强制要求每天多次打卡、作业超级加倍……大家心存怨气，又不能向学校和老师发泄，于是纷纷将矛头对准了免费向全国大中小学生开放"在线课堂"的钉钉。不知道是哪位小学生从小道消息得知，如果给 App 一星差评，此款软件就会被下架。为了响应 B 站 UP 主"建议大家都给个五星，分五次还清"的号召，许多人涌入各大应用市场为钉钉打了"五星好评，分期付款"的一星评价，以至于部分应用市场被迫关闭了钉钉的评价功能。

2. 能屈能伸的钉钉

钉钉也终于坐不住了，在官方微博主动向各大网友求饶，放过钉钉。

这能屈能伸的性格，不由得让人刮目相看，原来钉钉这么会玩。这也吸引来了整个阿里系的企业，各大官博纷纷在评论区里为钉钉在线"求情"。

面对网友们恶搞的"阴谋论"说法，钉钉也很认真地给出了解释，还加上了好几个委屈的表情。

钉钉俨然成了 2020 年开年的爆火单品！

截至 2020 年 2 月 2 日，全国有 20 多个省份的 220 多个教育局加入了钉钉的"在家上课"计划，覆盖超过 2 万所中小学和 1200 万学生。

这样的走红方式，想必钉钉自己也没有想到。通过这波"全民黑"不仅制造了舆论话题，同时也挽救了钉钉不断下滑的口碑形象。

3. "卖惨"营销，钉钉曲线救"国"

表面上，钉钉通过"卖惨"来挽救口碑，实际上这背后蕴含了钉钉社交营销的哲学。

在洞悉用户群体的特征，钉钉先是厘清问题的症结所在，随后通过小学生群体喜好针对性地发布鬼畜视频，既迎合了新生代用户的习惯，又充分表达了自己的观点和内容，借着卖惨成功获得了广大中小学生的谅解。

倘若钉钉只是商务性地发布澄清公告予以驳斥，以维护品牌形象，或许会迎来小学生更大声浪的舆论攻击。

另外，钉钉通过与阿里旗下各品牌的多维互动，为阿里生态带去了新一波的流量和关注度。从事件发酵到"卖惨"，再到推出歌曲视频，钉钉以及阿里整个生态公关的反应不仅快而且精准，不得不赞！

这次事件同时也给钉钉引流，带来了不少微博粉丝和 B 站粉丝。让大家在幽默的互动中形成了对钉钉的好感。总的来说，钉钉这波危机公关值得所有品牌好好学习。

（资料来源：https://zhuanlan.zhihu.com/p/343672122.[2023-10-9].）

思考： 互联网时代的营销与传统营销有什么区别？钉钉采用了什么样的营销策略，对你有什么启发？

任务一 网络营销岗位认知

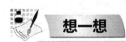

　　假设你和同学毕业后创业,计划成立一家电子商务企业,你将如何设置组织结构,设计岗位职责?

一、电子商务企业组织结构

　　电子商务企业组织结构是指为了实现企业目标,在组织理论指导下,经过组织设计形成的电子商务企业内部各个部门、各个层次之间固定的构成方式,即组织内部的构成方式。

　　常见组织结构包括 U 形组织结构、M 形组织结构、矩阵式组织结构等。U 形组织结构是 20 世纪初大企业普遍采用的纵向一体化的职能结构,它主要按职能组建各部门,充分利用专业化的优势。M 形组织结构,又称事业部型组织结构,它的特点是战略决策和经营决策分离,即根据业务按产品、服务、客户、地区等设立半自主性的经营事业部,高层领导则负责企业总体经营决策,监督、协调各事业部的活动和评价各部门的绩效。矩阵式组织结构按职能划分的部门与按项目划分的小组结合起来组成矩阵,使小组成员接受小组和职能部门的双重领导。它的特点表现在围绕某项专门任务成立跨职能部门的专门机构上,这种组织结构形式是固定的,人员却是变动的。矩阵式组织结构机动、灵活,克服了 U 形结构中各部门互相脱节的现象。

(一)小微电商企业组织结构

　　小微电商企业一般结构简单,满足主要功能即可,主要包括采购、运营、美工、客服、仓管等。由于人手较少,往往需要一个员工承担多项职责。

　　例如,某一小微电商企业的组织结构,如图 1-1 所示。

图 1-1　小微电子商务企业组织结构

(二)中型电商企业组织结构

　　有一定规模的电子商务企业很多是组建职能型组织,这种组织可以很好地发挥专业化分工的优势,促使整体效率提高,同时更能吸引专业型的电商人员,充分发挥个人能动性和专长。

　　例如,某中型电商企业的职能型组织结构,如图 1-2 所示。

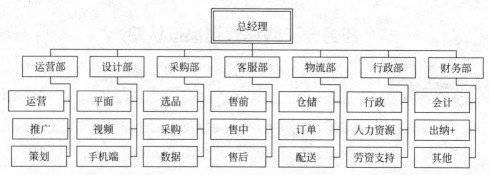

图 1-2 某中型电商企业职能型组织结构

（三）大型电商企业组织结构

大型或超大型电子商务企业通常采用矩阵式或事业部型组织结构。如某大型电子商务企业，项目多、店铺多、规模较大，公司由不同职能分别组成职能团队，同时这些职能团队的人员又分属于不同的项目组，团队成员需要同时向职能领导和项目领导汇报，决策一般也由两位负责人商议决定，具体如图 1-3 所示。

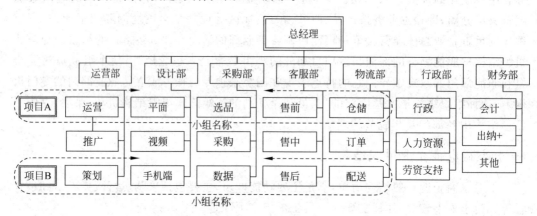

图 1-3 某大型电商企业矩阵式组织结构

二、 网络营销人才需求

根据网经社发布的《2022 年度中国电子商务人才状况调查报告》，电子商务人才需求较为旺盛，80%的企业存在人才缺口，有大规模招聘计划的企业占比 20.79%。

2022 年电商企业急需的前三类人才分别是：主播（助理）/网红达人方向人才（43.56%）、淘宝天猫等传统运营人才（39.6%）、新媒体/内容创作/社群方向人才（36.63%），如图 1-4 所示。

结合对主要招聘网站的搜索发现，网络营销相关岗位需求量较大的岗位包括网络推广、新媒体运营、电商主播等。其中，内容运营和微信运营等新媒体运营人才需求增长最快。

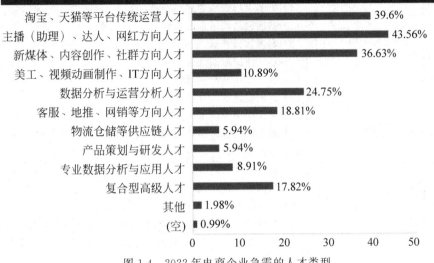

图1-4 2022年电商企业急需的人才类型

三、 网络营销岗位职业能力要求

根据网络营销工作领域,可以将网络营销岗位划分为文案类岗位群、推广类岗位群和客户服务类岗位群,典型工作岗位和具体的职业能力要求如表1-1所示。

表1-1 网络营销典型工作岗位及职业能力要求

工作领域	典型工作岗位	职业能力要求
文案类	商品详情页设计	(1) 了解产品的属性、用途、价值和定位; (2) 能够提炼产品的卖点和关键词; (3) 能够拟定合适的产品标题; (4) 撰写详情页主图文案、细节图文案等; (5) 能够进行商品品牌定位分析,撰写品牌故事,塑造品牌形象
	电商平台推广文案	(1) 熟悉天猫直通车文案撰写; (2) 熟悉钻展文案撰写; (3) 熟悉微文案撰写; (4) 熟悉京东精准通文案撰写
	新媒体文案	(1) 能够撰写和发布微博文案; (2) 能够使用微信编辑工具,撰写并发布微信文案; (3) 能够开展微信社群营销,拉动活跃粉丝; (4) 能够撰写视频类文案; (5) 能够撰写今日头条、百度、腾讯等网站文案
	活动策划文案	(1) 精通PPT设计和制作; (2) 能够根据产品特色和活动要求,撰写有创意的文案; (3) 能够撰写新闻通稿

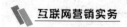

续表

工作领域	典型工作岗位	职业能力要求
推广类	网络市场调研	(1) 了解市场发展现状和趋势； (2) 掌握网络调研方法和流程； (3) 掌握数据获取、分析和呈现方法； (4) 熟练使用数据分析工具； (5) 具备竞品分析和规划能力
	推广方案制订	(1) 合理设计营销推广目标和流程； (2) 熟练使用推广工具，选择合适的推广平台； (3) 确定营销推广预算，预测推广效果； (4) 熟悉办公软件的应用； (5) 推广方案的撰写
	推广方案执行	(1) 根据推广方案，设计活动时间表，具备时间管控能力； (2) 合理配置推广的资金、人力、库存等； (3) 具备过程管理能力、风险管控能力和沟通协调能力； (4) 能够提炼产品卖点，合理选择推广关键词，确定点击成本，正确运用推广工具
	推广效果分析	(1) 运用推广工具进行数据分析，进行效果评价； (2) 分析问题，提出修改方案； (3) 与运营及客服沟通反馈推广结果； (4) 提出工作内容、流程优化及方案调整方案
客户服务	网络消费者研究	(1) 研究消费群体的结构、消费习惯、消费心理和购买力； (2) 研究竞争对手的产品、营销及服务策略； (3) 识别顾客需求，建立顾客档案
	网络售前支持	(1) 了解潜在顾客的特征，及时响应顾客需求； (2) 识别影响顾客购买的影响因素，判断顾客的购买意向，有针对性地采取措施留住顾客
	网络售中跟踪	(1) 判断顾客类型，提供有效信息，留住顾客； (2) 根据顾客需求推介商品，促成交易；催缴款项，及时发货
	网络售后服务	(1) 跟踪订单，通知客户及时签收； (2) 处理退换货； (3) 根据公司及平台规则解决纠纷； (4) 制订消费者维护方案，提升客户忠诚度

任务二 网络营销基本认知

一、网络营销的概念

网络营销是以现代营销理论为基础，借助网络、通信和数字媒体技术实现营销目标的商务活动，是由科技进步、顾客价值变革、市场竞争等综合因素促成的，是信息化社会的必然产物。

网络营销根据其实现方式有广义和狭义之分。

广义的网络营销指企业利用一切计算机或手机网络进行营销活动。

狭义的网络营销专指国际互联网营销,即以互联网为主要手段进行的为达到一定营销目的的营销活动。

二、网络营销的主要功能

针对企业而言,网络营销主要有以下功能。

(一)销售渠道拓展

互联网使得企业的销售渠道不再局限于特定区域,从而突破了传统经济时代的企业销售所面临的经济壁垒、地区封锁、人为屏障、交通阻隔、资金限制、语言障碍和信息封闭等弊端。网上销售渠道建设也不限于网站本身,还包括建立在综合电子商务平台上的网上商店,以及与其他电子商务网站不同形式的合作。

(二)网络市场调研

互联网特有的技术优势能够使企业以在线调查、直接询问、大数据分析等多种方式了解市场需求,并做出快速反应。其效率之高、成本之低、速度之快、范围之广都是以往其他任何调查形式所不能比拟的。

(三)网络促销

网络促销是指企业如何通过人员推销、广告、公共关系和营销推广等各种促销手段,向消费者传递产品信息,引起他们的注意和兴趣,激发他们的购买欲望和购买行为,以达到扩大销售的目的的活动。大部分的网络营销方法都与网络促销有关。

(四)品牌形象打造

互联网不仅给品牌带来了新的生机和活力,而且推动和促进了品牌的拓展和扩散。实践证明:互联网不仅拥有品牌、承认品牌,而且对于重塑品牌形象,提升品牌的核心竞争力,打造品牌资产,具有其他媒体不可替代的效果和作用。

(五)客户关系管理

客户关系管理是指企业为提高核心竞争力,与顾客间在销售、营销和服务上进行交互,向客户提供创新式的个性化服务的过程。其最终目标是吸引新客户、保留老客户以及将已有客户转为忠实客户,增加市场。网络营销可以集客户资源管理、销售管理、市场管理、服务管理、决策管理于一体,将原本分散的销售、市场、售前和售后服务与业务统筹协调起来,全面提升企业的核心竞争能力,还具有强大的数据收集和统计分析功能,为企业提供精准数据,以避免决策的失误,为企业带来可观的经济效益。

（六）特色服务功能

网络营销还能够提供特色服务功能。顾客不仅可以从网络上获得形式最简单的常见问题解答（FAQ）、社区、聊天等各种即时信息服务，还可以获取在线收听、收看、订购、交款等选择性服务，以及全年无休的紧急需要服务和信息跟踪、信息定制到智能化信息推送、手机接听服务及网上选购、送货到家的上门服务等。这种服务以及服务之后的跟踪延伸，不仅极大地提高了顾客的满意度，使以顾客为中心的原则得以实现，而且使客户成了商家的一种重要的战略资源。

三、 网络营销的特点与优势

网络营销具有跨时空性、交互性、技术性、多媒体、个性化、高效率等特点。与传统的市场营销模式相比，网络营销模式存在以下几点优势。

（一）低成本、高效率的优势

与传统营销模式相比，网络营销是将企业和消费者的交易行为直接通过网络线上交易模式进行的，消除了中间环节，大大降低了企业运营成本，包括时间、空间、人力等成本，从而提高了企业的营利能力，达到消费者与企业共赢的目的。网络营销可以节省消费者的时间、空间和精力成本，提高购物效率。这一特点为适应了快节奏生活的年轻人提供了生活的便利，减少了他们的生活成本。

（二）传播广、不受时空限制的优势

网络营销可以将营销信息全天候不间断地传播到世界的每一个角落而不受时空限制。可以说具备上网条件任何人在任何地点都可以看到，这是传统营销无法实现的。

（三）交互性和纵深性优势

交互性强是互联网媒体的最大优势。网络营销不同于传统媒体的信息单向传播，而是信息互动传播。通过链接，用户只需简单地点击，就可以从厂商的相关站点中得到更多、更详尽的信息。另外，用户可以通过广告位直接填写并提交在线表单信息，厂商可以随时得到宝贵的用户反馈信息，大大拉近了消费者和企业、品牌之间的距离。同时，网络营销可以提供进一步的产品查询需求。

（四）个性化优势

在传统营销模式下，客户经常会遇到销售人员进行强推购买的现象，回到家发现其购买的产品并不是自己所需产品。而在网络营销方式下，消费者可以货比三家，并且网络的浏览不受时间和地点的限制，消费者甚至可以半夜在家自行选择和进行购买行为，这是传统营销没有办法实现的，消费者购买完全由自己做主。同时，企业可以利用自己建立的用户数据库，包括用户的地域分布、年龄、性别、收入、职业、婚姻状况、爱好等，为用户精准推送产品信息。

（五）效果可衡量优势

基于先进的互联网技术,网络营销可以通过及时和精确的统计机制,使广告主能够直接对广告的发布进行在线监控。而传统的广告形式只能通过并不精确的收视率、发行量等来统计投放的受众数量。此外,网络营销广告主能通过互联网即时衡量广告的效果,通过监视广告的浏览量、点击率等指标,统计出多少人看到了广告,其中有多少人对广告感兴趣进而进一步了解了广告的详细信息,及时了解用户和潜在用户的情况。

四、 网络营销与电子商务

现实中很多人将网络营销和电子商务混为一谈,但实际上两者既相互关系、相辅相成,又各有侧重、相互区别。

（1）两者相互关系。网络营销要解决的问题是电子商务信息流中与客户之间信息双向沟通的问题,因而它是电子商务的重要组成部分。如果信息流的问题没有解决,电子交易的达成也无从谈起,从这个角度而言,网络营销是电子商务的基础和重要组成部分。网络营销还是推进我国企业电子商务进程的最重要、最直接的力量。我国绝大部分企业介入电子商务所必需的信息基础设施等方面条件尚不成熟,面临着法律、安全、技术、认证、支付和配送等诸多门槛。而企业通过网络营销,营造一种网上经营环境,最后促成交易的达成,包括网上交易和网下交易,从而使企业的电子商务目标变得更为具体、清晰,并且易于实施。

（2）两者相互区别。首先,两者研究范围和关注重点不同,电子商务的核心是电子化交易,强调交易方式和交易前、交易中、交易后全过程的各个环节,而网络营销注重以互联网为主要手段的营销活动,主要研究的是交易前的各种宣传推广;其次,两者在企业的应用阶段和层次不同。电子商务可以看作是网络营销的高级阶段,企业在开展电子商务前可以开展不同层次的网络营销活动。

任务三 网络营销的理论基础

一、 网络整合营销理论

网络整合营销即以消费者为核心重组企业和市场行为,综合协调使用以互联网渠道为主的各种传播方式,以统一的目标和形象,传播连续、一致的企业或产品信息,实现与消费者的双向沟通,迅速树立品牌形象,建立产品与消费者的长期密切关系,更有效地达到品牌传播和产品行销的目的。简单地说,就是整合各种网络营销方法,和客户的客观需求进行有效比配,给客户提供最佳的一种或者多种网络营销方案。

网络整合营销是基于客户角度而言的,即采取有效手段使客户的需求得到最大限度的满足,并非只是考虑企业自身。这种营销理论主要是考虑到消费者的心理特点,当某个企业能够有效地满足客户自身需求的情况下,该企业便会在客户心中留下较好的印象,当客户需要再次购买此类服务或产品,则会将该企业作为首选对象;在第二次的回购过程

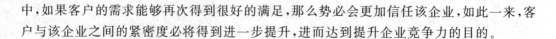
中,如果客户的需求能够再次得到很好的满足,那么势必会更加信任该企业,如此一来,客户与该企业之间的紧密度必将得到进一步提升,进而达到提升企业竞争力的目的。

二、 网络直复营销理论

美国直复营销协会(DMA)对直复市场营销的定义为:"直复市场营销是一种互动的营销系统,运用一种或多种广告媒介在任意地点产生可衡量的反应或交易。"网络直复营销指的是借助网络技术直接将客户与企业之间建立联系,而无须通过中间分销渠道。先进的互联网络技术能够让消费者与企业之间实现随时、随地双向交流、互动、交易,无须线下面对面交易,摆脱了传统营销的地域限制,企业只需借助互联网技术就可实现对产品订单的接收与配送安排,消费者无须走出家门,借助互联网技术就可实现对产品的购买。

此种网络直复营销最为典型的一个代表就是电子商务平台,在电子商务平台上,消费者可以查找到数以万计企业的产品,并完成对产品的购买、付款。但我们也可以明显地发现,网络直复营销离不开互联网技术的支撑,必须借助互联网技术才能实现这些交易。除此之外,企业如果需要统计当天、一月或一年的营业额,只需分析订单信息就可发现整体销售的亮点及不足之处,并根据这一信息及时制订出优化方案,促进交易量的进一步提升。

三、 网络软营销理论

"软营销"理论是完全不同于"强势营销"的另一种营销理念,其更侧重于客户的购物体验,要求企业在开展营销活动的过程中尽可能多地从客户角度出发,用营销活动来吸引客户主动购买,而不是将产品强制性地推给客户,导致客户产生不好的购买体验。

网络软营销是一种主观性的营销模式,营销人员会根据客户的实际需求开展营销活动,先向客户推荐满足其要求的产品广告,让客户主动浏览,再从中找出更适合客户自身的产品,此种营销方式更具有针对性、更人性化、更能得到客户的认可。

四、 精准营销理论

精准营销(precision marketing)就是在精准定位的基础上,依托现代信息技术手段建立个性化的顾客沟通服务体系,实现企业可度量的低成本扩张之路,是有态度的网络营销理念中的核心观点之一。

互联网营销就是一种精准营销。它通过互联网技术与客户进行沟通,通过对企业营销、消费群体划分以及市场整体销售情况进行多维度分析,实现消费者与生产企业或营销企业之间的无缝衔接,从而达到精准营销的目的。

 知识链接

京东商城精准营销策略

精准营销策略得以实施的基础是对客户消费行为数据的收集,这些客户数据信息包括客户的京东商城消费记录、平台网页浏览记录等。在数据收集后,依据客户的属性、爱

好等各类信息进行模型建立,并根据相关信息对客户进行画像描述,对消费行为进行预测,对客户的营销价值和风险等级进行有效评价,并将这些客户的评价信息及时送达各个营销体系,接下来营销部门会根据客户评价数据,选择诸如 App 推广等合适的方式进行精准营销,并且力求做到全方位的精准营销,此外京东商城的精准营销方式还可以实现跨平台、跨终端、跨渠道的动态化的精准营销。

 思政小课堂

家 国 情 怀

保国者,其君其臣肉食者谋之;保天下者,匹夫之贱与有责焉耳矣。

——顾炎武

家国情怀是主体对共同体的一种认同,并促使其发展的思想和理念。其基本内涵包括家国同构、共同体意识和仁爱之情;其实现路径强调个人修身、重视亲情、心怀天下。它既与行孝尽忠、民族精神、爱国主义、乡土观念、天下为公等传统文化有重要联系,又是对这些传统文化的超越。

家国情怀在增强民族凝聚力、建设幸福家庭、提高公民意识等方面都有重要的时代价值。

随着互联网的飞速发展,社会对网络营销人才需求十分旺盛。大学生是未来电商企业主要的从业者,根据自身特点和网络营销岗位设计自己的职业发展规划,学好电商专业知识,发挥自身优势投身到国家和社会需要的电商岗位中,既是自身职业生涯规划的需要,更是为国家社会经济发展贡献力量的使命担当。

 **项目实训**

一、理论知识实训

(一)单项选择题

1. ( )时代最大的特点是可使信息快速、大范围地传播,催生了很多品牌塑造、信息传递形式,如短视频。

    A. Web 1.0   B. Web 2.0   C. Web 3.0   D. Web 4.0

2. 以下不属于网络营销基本职能的是( )。

    A. 网络品牌   B. 网站推广   C. 信息发布   D. 网上拍卖

3. ( )最重要的特性是活动效果是可测定的。

    A. 关系营销   B. 直复营销   C. 整合营销   D. 体验营销

4. ( )是针对"强势营销"提出的,强调企业进行市场营销的同时尊重消费者的感受和体验。

    A. 关系营销   B. 直复营销   C. 软营销   D. 体验营销

5. 根据生命周期理论,短视频和直播处于( )。

    A. 成长期   B. 成熟期   C. 衰退期   D. 延伸期

（二）多项选择题

1. 网络营销发展的基础主要包括（　　）。

    A. 技术基础　　　　　B. 观念基础　　　　　C. 现实基础　　　　　D. 网络基础

2. 4P 是指（　　）。

    A. 产品　　　　　　　B. 价格　　　　　　　C. 渠道　　　　　　　D. 促销

3. （　　）属于图文类媒介。

    A. 微信公众号　　　　B. 知乎　　　　　　　C. 微博　　　　　　　D. 头条号

4. 网络营销可以划分为（　　）三个层次。

    A. 操作层　　　　　　B. 战略层　　　　　　C. 策略层　　　　　　D. 战术层

5. 基于运营导向的网络营销工具包括（　　）。

    A. 内容运营工具　　　　　　　　　　　　B. 信息传递渠道运营工具

    C. 用户运营工具　　　　　　　　　　　　D. 资源运营及管理工具

二、综合能力实训

1. 登录百度百聘、智联招聘、前程无忧、58 同城、Boss 直聘（选择其中一个或几个）等网站，搜索查询"网店运营""新媒体运营""网络推广""电商主播""电子商务"等网络营销热门岗位，选择 3～5 个岗位了解其岗位职责及任职要求（包括知识、技能和素养三个方面的要求），填写表 1-2。

表 1-2　岗位调查表

岗位名称	知识要求	技能要求	素质要求
意向岗位			
差距及提升			

2. 搜集小米、海尔等企业或秋叶、董宇辉等网红的任一个案例信息，分析其见网络营销体系，通过思维导图工具绘制网络营销推广体系图（可以用 Xmind 等工具）。

网络营销市场调研

 学习目标

知识目标：了解网络营销环境的内容，掌握网络市场调研方法，能够进行网络市场调查问卷设计及调查报告撰写。

能力目标：能够结合实际情况分析企业网络营销环境；能够从网络消费者角度转变网络营销思维；能够准确分析网络市场，并获取相关信息。

素质目标：当网络营销环境产生不利影响时，能够总体规划应对对策；具备进行网络市场调研所需的组织能力和写作能力。

思政目标：培养社会主义核心价值观，尊重个人隐私，培养职业道德。

 知识思维导图

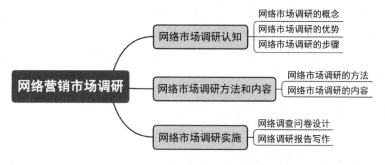

 引导案例

基于网络调研的我国小米消费现状分析

摘要：我国居民食用小米历史悠久，随着人们生活水平的提高和消费观念的转变，人们对小米的消费发生了改变。基于此，利用网络问卷调查平台针对我国居民对小米的认知程度、消费产品种类、消费习惯和消费渠道等进行调查。结果表明：我国居民对小米的营养价值认可度较高且食用人群广泛；以家庭消费为主，消费量一般为每年40千克；消费仍然以初级产品为主；食用方式多为日常早餐与晚餐的粥品，食用频次为两天1次。并提出对策建议：加大对小米产品的研发力度，针对不同消费群体精准开发小米产品；加大宣传力度，注重小米品牌建设。

关键词：网络调研；小米；消费；需求

2013—2016年，我国谷子(小米)种植面积稳中有升，2016年面积增加到85.73万公顷，单产由2009年的每公顷1554.75千克增长至2016年的每公顷2342.85千克，年均增长率为6.03%；总产量也由2009年的122.51万吨增长至2016年的228.8万吨，年均增长9.33%。随着消费者的购买意愿发生改变，了解消费群体、潜在消费群体的消费需求与意愿，对促进谷子(小米)产业的可持续发展具有重要推动作用。基于此，对我国小米消费者的购买渠道、购买方式、购买的主要产品以及购买需求进行网络调研和深入分析，旨在为谷子(小米)产业可持续发展提供政策和建议。

1. 数据来源与研究方法

采用网络(https://cloud.baidu.com/)随机原则发放"小米消费调查问卷"共计215份，回收有效问卷215份。问卷内容主要涉及小米购买行为、食用种类及频次等内容。利用Excel软件对问卷数据进行梳理与分析。

2. 结果与分析

2.1 样本概况

调查样本的男女比例为1.1∶1；本科学历占比(83.72%)最高，研究生学历占比(6.51%)次之；企业人员占比(46.05%)最高，事业单位人员占比(13.02%)次之；家庭结构中三口之家的占比(37.21%)最高，单身占比(19.07%)次之。数据显示此次调查的样本具有覆盖范围广、代表性强等特点，能够客观真实地反映出我国居民购买小米的情况。

2.2 认知程度分析

在问及"小麦的营养价值"问题时，76.28%的样本认为小米是家庭生活消费的一部分且早饭和晚餐以粥品为主；这些样本对小米的营养价值认可度较高，也对"小米养人""小米养胃"的说法非常认可。其中老年人对小米的偏爱程度远高于年轻人。

2.3 消费习惯分析

通过对样本消费者购买的小米产品种类进行分析，占比排在前4位的依次是散装小米(73.49%)、精装小米(60.93%)、小米锅巴(53.49%)、小米饼干(33.02%)、小米醋、小米酒等，而深加工产品的消费比例相对较少(图2-1)；38.14%的样本消费者购买量为0.5~1.5千克/次，29.77%的样本消费者购买量为2~3千克/次，20.47%的样本消费者购买量为3.5千克/次以上；家庭平均每年购买小米的量约为20千克，远低于面粉和大米的购买量。数据显示，目前我国居民小米消费仍然以初级产品为主，主要用于日常粥品；以家庭消费为主；食用频次为两天1次居多。生活方式、节奏和工作时间是影响居民消费的主要因素。调研结果发现，以年轻人为主要成员的家庭，其消费小米的量和次数远低于有老年人的家庭。

2.4 购买渠道分析

通过对样本消费者购买小米的渠道进行分析，66.05%的样本消费者进入超市买小米，16.74%的消费者进入农贸市场购买小米(表2-1)，且多以一次性购买全年家庭所需小米为主。所购买的小米主要产自山西、河北、内蒙古等地区；73.95%的购买群体为家庭主妇或老人；74.42%的样本消费者在选购小米时关注小米口味，55.81%的样本消费者关注价格，7.44%的样本消费者关注包装。数据显示超市和农贸市场是销售小麦的主

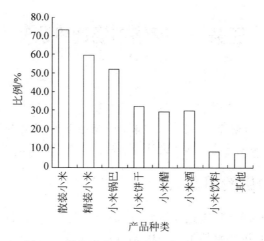

图 2-1　样本消费者购买产品种类所占比例

要渠道；消费者最关注的是小米的口感和价格。

表 2-1　消费者购买小米的渠道

购买渠道	比例/%	购买渠道	比例/%
超市	66.05	网络	9.30
农贸市场	16.74	农村	5.58
路摊	1.86	其他	0.47

2.5　消费者对小米价格的预期分析

当问及"对小米价格预期"时,66.05%的样本消费者对小米的价格预期为 6～8 元/千克;46.05%的样本消费者认为小米 1～2 千克/包的重量为宜。

3. 小米产业未来的发展方向

综上所述,我国居民食用小米的历史悠久,消费者对小米的营养价值认可度较高且食用人群广泛。目前,居民家庭日常消费以小米初级产品为主,开发潜力巨大。发展小米深加工产业,如小米馒头、小米醋和小米酒等是小米产业未来的发展方向。

3.1　加大对小米产品研发力度,精准开发小米产品

加大对小米产品的科研力度,注重对小米营养功能的开发与利用。针对不同的消费者需求,精准开发小米深加工产品,如针对婴幼儿的小米营养粉;上班族速冲备餐粉;老年人保健品等。

3.2　加大宣传力度,注重小米品牌建设

好的产品不缺乏市场。从小米产地、品种、田间管理、加工配方、流通环节等方面加强对小米的管控,保证健康、营养的小米产品走上餐桌,加大对小米的宣传力度,打造属于不同产区的小米品牌,增加小米的附加值。

（资料来源：张新仕,李敏,王晓夕,等.基于网络调研的我国小米消费现状分析[J].河北农业科学,2019,23(5):1-3＋27.）

思考：一份规范的网络调研报告应该包括哪些部分?

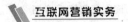
任务一　网络市场调研认知

假设你和同学毕业后创业,计划成立一家电子商务企业,你将如何了解网络市场以便选择合适的消费群体,选择合适的工具并设计对应的内容吸引消费者注意,达到营销目标?

一、网络市场调研的概念

网络市场调研又称网上调查或在线调查,是企业利用互联网作为沟通和了解信息的工具,对消费者、竞争者以及整体市场环境等与营销有关的数据系统进行调查分析研究。这些相关的数据包括顾客需要、市场机会、竞争对手、行业潮流、分销渠道以及战略合作伙伴方面的情况。

网络市场调研是网络营销的重要环节。互联网作为 21 世纪的信息传播媒体,它的高效、快捷、开放等特点是无与伦比的。它加快了世界经济结构的调整与重组,形成了数字化、网络化、智能化与集成化的经济走向,它强烈地影响着国际贸易环境,正在迅速改变着传统的市场营销方式乃至整个经济面貌。互联网已经成为 21 世纪信息传播媒体的主流。为了适应信息传播媒体的变革,一种崭新的调研方式——网上调研随之产生。网上调研可以利用互联网发现市场机会,了解消费者需求、竞争对手、行业潮流、分销渠道以及战略合作伙伴等方面的情况,而互联网正是实现这些目标的良好资源。从某种意义上来说,全球互联网的海量信息,以及几万个搜索引擎的免费试用对传统市场调研和营销策略产生了深远的影响。

二、网络市场调研的优势

与传统市场调研方法相比,网络市场调研优势是显而易见。

(一)可靠性和客观性

相比传统的市场调研,网络调研的结果比较可靠和客观,主要是基于以下原因。

首先,企业站点的访问者一般对企业产品有一定的兴趣,被调查者是在完全自愿的原则下参与调查,调查的针对性强。而传统市场调研中的拦截询问法实质上是带有一定的"强制性"的。其次,被调查者主动填写调研问卷证明填写者一般对调查内容有一定的兴趣,回答问题就会相对认真,所以问卷填写可靠性高。此外,网络市场调研可以避免传统市场调研中人为因素干扰所导致的调查结论的偏差,因为被访问者是在完全独立思考的环境中接受调查的,能最大限度地保证调研结果的客观性。

(二)及时性和共享性

由于网络的传输速度非常快,网络信息能够快速地被传送到任何网络用户,而且网上投票信息经过统计分析软件初步处理后,可以看到阶段性结果,而传统的市场调研得出结论需经过很长的一段时间。同时,网上调研是开放的,任何网民都可以参加投票和查看结果,这又保证了网络调研的共享性。企业网络站点的访问者一般是对企业产品有一定兴趣,对企业市场调研的内容作了认真的思考之后进行回复,而不像在传统的调研方式下,为了抽号中奖而被动地回答,所以网络市场调研的结果能够比较客观和真实地反映消费者的真实要求和市场发展的趋势。

(三) 交互性和充分性

网络的最大优势是交互性。这种交互性也充分体现在网络市场调研中。网络市场调研某种程度上具有人员面访的优点,在网上调查时,被访问者可以及时就问卷相关的问题提出自己的看法和建议,可减少因问卷设计不合理而导致的调查结论出现偏差等问题。传统调研时,消费者一般只能针对现有产品提出建议,甚至是不满,而对尚处于概念阶段的产品则难以涉足,而在网络调研中,消费者则有机会对产品设计、定价和服务等一些问题发表意见。这种双向互动的信息沟通方式提高了消费者的参与性和积极性,更重要的是能使企业的营销决策有的放矢,从根本上提高消费者的满意度。同时,网络调研又具有留置问卷或邮寄问卷的优点,被访问者有充分的时间进行思考,可以自由地在网上发表自己的看法。把这些优点集于一身,形成了网络调研的交互性和充分性的特点。

(四) 便捷性和经济性

在网络上进行市场调研,无论是调查者还是被调查者只需拥有一台能上网的计算机就可以进行网络沟通交流。调研者在企业站点上发出电子调查问卷,提供相关的信息或者及时修改、充实相关信息,被调研者只需在计算机前按照自己的意愿轻点鼠标或填写问卷,之后调研者利用计算机对被访问者反馈回来的信息进行整理和分析即可,这种调研方式十分便捷。同时,网络调研非常经济,它可以节约传统调查中大量的人力、物力、财力和时间的耗费。省去了印刷调研问卷、派访问员进行访问、电话访问、留置问卷等工作;调研也不会受到天气、交通、工作时间等的影响;调查过程中最繁重、最关键的信息收集和录入工作也将分布到众多网络用户的终端上完成;信息检验和信息处理工作均由计算机自动完成。所以网络调研能够以经济、便捷的手段完成。

(五) 可检验性和可控制性

利用互联网进行网上调研收集信息可以有效地对采集信息的质量实施系统的检验和控制。首先,网上市场调查问卷可以附加全面规范的指标解释,有利于消除被访者因对指标理解不清或调查员解释口径不一而造成的调查偏差。其次,问卷的复核检验由计算机依据设定的检验条件和控制措施自动实施,可以有效地保证对调查问卷100％的复核检验,保证检验与控制的客观公正性。最后,通过对被调查者的身份验证技术,可以有效地防止信息采集过程中的舞弊行为。

(六) 无时空和无地域限制性

传统的市场调研往往会受到区域与时间的限制,而网络市场调研可以24小时全天候进行,同时也不会受到区域的限制。

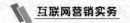
三、 网络市场调研的步骤

网络市场调研应遵循一定的程序，一般而言应经过五个步骤，如图 2-2 所示。

图 2-2　网络市场调研步骤

（一）调研目标确定

虽然网络市场调研的每一步都很重要，但是调研问题的界定和调研目标的确定是最重要的一步。只有清楚地定义了网络市场调研的问题，确立了调研目标，才能正确地设计和实施调研。在明确了调研目标的同时，还要确定调研对象。网络调研对象主要包括企业产品的消费者、企业的竞争者、上网公众、企业所在行业的管理者和行业研究机构。

（二）调研方案设计

具体内容包括确定资料来源、调查方法、调查手段和接触方式。

（三）信息收集

在确定调查方案后，市场调研人员即可通过电子邮箱向互联网上的个人主页、新闻组或者邮箱清单发出的相关查询之后就进入收集信息阶段。与传统的调研方法相比，网络调研收集和录入信息更方便、快捷。

（四）信息整理和分析

收集得来的信息本身并没有太大意义，只有进行整理和分析后信息才变得有用。整理和分析信息这一步非常关键，需要使用一些数据分析技术，如交叉列表分析技术、概况技术、综合指标分析和动态分析等。国际上较为通用的分析软件有 SPSS、SAS、BMDP、MINITAB 和电子表格软件。

（五）调研报告

这是整个调研活动的最后一个阶段。调研报告不能是数据和资料的简单堆积，调研人员不能把大量的数字和复杂的统计技术扔到管理人员面前。正确的做法是把与市场营销决策有关的主要调查结果报告出来，并遵循所有有关组织结构、格式和文笔流畅的写作原则。

任务二　网络市场调研的方法和内容

一、 网络市场调研的方法

（一）直接调研法

根据网络调研所采用技术的不同，网络直接调研可以分为访问法、网上观察法、网上实验法,最常用的是访问法。

1. 访问法

访问法包括问卷调查法和访谈法,它是获取第一手资料最常用的调研方法。其中,问卷调查法的具体做法有:在企业网站或其他合作调查网站上设置调查表,访问者在线填写并提交到网站服务器;向被调查者寄出调查表;向被调查者寄出包含链接的相关信息,并把链接指向放在企业网站上的问卷。调查法广泛应用于各种内容的调研活动中,实际上也就是传统市场调研中问卷调查方法在互联网上的延伸。具体而言,问卷投放一般包括以下几种途径。

(1)通过微信好友、微信群、朋友圈、微信公众号等投放。根据腾讯公司发布的报告,截至 2023 年 6 月 30 日,微信及 WeChat 的合并月活跃账户数 13.27 亿,已经形成了包括社交、支付、电商、新闻、娱乐等应用的较完整的生态系统。可以将设计好的调研问卷通过链接、二维码图片或海报的形式,分享给微信好友,或者分享到微信群、朋友圈或微信公众号,引导人们填写;也可以调用"问卷星"等微信小程序,进行调研问卷的制作、投放或统计。

(2)通过 QQ 好友、QQ 群、QQ 空间等投放。腾讯 QQ 是人们在社交、办公等信息传送中使用较频繁的工具,可以将设计好的调研问卷通过链接、二维码图片或海报的形式,分享给 QQ 好友,或者分享到 QQ 群、自己的空间,引导人们填写。腾讯 QQ 软件有自带的在线调研问卷模块"腾讯问卷",也可以通过"腾讯问卷"进行调研问卷的制作、投放和统计。

(3)将问卷投放在网站上,等待访问者访问时填写问卷,例如,中国互联网络信息中心每半年进行一次的"中国互联网网络发展状况调查"就是采用这种方式。这种方式的好处是填写者一般是自愿的,缺点是无法核对问卷填写者的真实情况,为达到问卷数量,网站必须进行适当的宣传,以吸引大量访问者。网站的选择上包括利用自己的网站、借助别人的网站或者两者都用,即混合型。如果企业网站已经拥有固定的访问者,则可以采用这种方式,当然这种方式要求企业网站必须有调查分析功能,对企业的技术要求比较高,但可以充分发挥企业网站的功能;如果企业网站没有建好或不具备调研技术,可以利用别人的网站进行调研,特别是利用第三方调查网站,如问卷星、问卷网,借助这些网站的流量、分析能力,进行信息收集、整理、分析,这种方式不需要企业建设网站和进行准备,但需要花费一定的费用。采用混合型,当企业网站已经建设好但还没有固定的访问者时,可以在自己的网站调研,同时在其他著名的网站建立广告链接,以吸引访问者参与调查,这种方式是目前常用的方式。

(4)通过 E-mail 方式将问卷发送给被调查者,被调查者完成后将结果通过 E-mail 返回,这种方式比较简单,且费用低,可以有选择地控制被调查者,但要求企业必须积累有效客户 E-mail,且容易遭到被调查者的反感,顾客反馈率偏低。因此,用这种方式时首先要争取被调查者的同意,或者估计被调查者不会反感,并向被调查者提供一定的补偿,如有奖回答或赠送小件物品,以降低被调查者的敌意。

(5)通过参与或成立讨论团,在相应的讨论组中发布问卷信息,或者发布调研题目,这种方式与 E-mail 一样,成本低且是主动型的,但是网站上的讨论组或论坛上发布问卷信息时,要注意网上行为的规范,调查内容要与讨论组主题相关,否则会导致被调查对象的反感甚至是抗议。

访谈法实施主要有以下三种方法。

(1)网上焦点小组访谈法,调查者根据受访者数据库,找出符合条件的个人,利用电子邮件等方式向他们发出邀请,要求他们在特定的时间登录特定的网站接受访谈。

(2)网上一对一访谈法,调查者从登录网站的网络用户中挑选合适的人员进行访谈,也可以从受访者数据库中选择合适的人员作为访谈对象。借助网络的聊天室,调查者和受访者就调查内容进行交流。

(3)网上论坛电子公告板或聊天室访谈,即在网上论坛电子公告板或聊天室与人谈论看法或者倾听与调研项目有关的内容,从而了解人们对调查内容的看法。

2.网上观察法

网上观察法的实施主要是利用相关软件和人员记录上网者的活动。相关软件能记录上网者浏览企业的网页时所点击的内容,每个点击进去的内容浏览的时间,在网上喜欢看什么商品页面,看商品时,先点击的是商品的哪些方面,价格、服务、外形还是其他人对商品的评价,是否有就相关商品和企业进行沟通的愿望等;也能够记录不同商品、广告、文字信息的点击率等观察数据。网站还可以对本站的会员(注册者)和经常浏览本站的 IP地址记录进行分析,掌握他们上网的时间、点击的内容及浏览的时间,从而了解他们的兴趣爱好和习惯,更好地为本网站的登录者提供更适合他们需要的信息和服务。在网上也可以派一些人在相关的论坛新闻组和聊天室"倾听"人们的想法或意见。这些观察记录对于了解消费者的需要、地域分布、产品偏好和购买时间,从而改进商品和服务以及网上广告的发布都是非常重要的。

3.网络实验法

通过网络做广告内容与形式的试验。设计几种不同的广告内容和形式在网页或新闻组上发布,也可以通过电子邮件传递广告。广告的效果既可以通过服务器访问统计软件随时监测,也可以通过查看客户的反馈信息量的大小来判断,还可以借助专门的广告评估机构来评定。影响商品销售的相关因素的实验也能在网上进行,如在网上改变商品的外形、包装、设计和促销方式其中的一种,看其对商品销售量的影响。还可改变网上商店店面的布置,看是否对商品的销售产生影响。新产品的试销也能通过网络进行,但并非所有的新产品都适用,一些全新产品,由于上网者在网上不能看到实物,将会影响其购买行为的发生,对实验结果的准确性产生影响。目前与虚拟现实技术、云计算等技术相关的新产品在网上试销的结果比较理想。

(二)间接调研法

间接调研法是利用互联网手机与企业营销相关的市场、竞争者、消费者以及宏观环境等信息,从互联网搜集二手资料的调研方式。企业用得最多的还是间接调研法,因为它信息广泛,能满足企业管理决策需要,而直接调研法一般只适合于针对特定问题进行专项调研。网络间接调研渠道主要有相关网站、搜索引擎、电子公告牌、新闻组等,具体如下。

1．利用网站搜集资料

间接信息的来源包括企业内部信息源和企业外部信息源两个方面。与市场有关的企业内部信息源，主要是企业自己搜集、整理的市场信息，企业产品在市场销售的各种记录、档案材料和历史资料（如客户名称表、购货销货记录、推销员报告、客户和中间商的通信、信件等）。企业外部的市场信息源包括的范围极广，主要是国内外有关的公共机构如政府机构网站、网络图书馆、金融机构网站、商情调研机构网站等。

2．利用搜索引擎收集资料

通过搜索引擎搜索有关站点的网址，然后访问想查找信息的网站或网页。选择搜索引擎时首先需要区分的是检查中文信息还是外文信息。如果是中文信息，使用较多的搜索引擎有百度、搜狗、360、必应、网易有道等；如果是外文信息，用得较多的搜索引擎有Excite、Infoseek、AltaVista等。

国内中文引擎可以按分类、网站和网页搜索关键字。国内搜索引擎一般是采用分类层次目录结构，使用时可以先找大类再找小类，直到找到相关网站。为提高查找效率和准确度，可以通过搜索引擎提供的搜索功能直接输入关键字查找相应内容。需要注意的是，按分类只能粗略查找，按网页可以精确查找，但查找结果比较多，因此，搜索最多的还是按网页搜索。

搜索引擎搜集网站很有限，因此，同时搜索多个网站是非常必要的，而AitaVista搜索引擎恰好提供该功能。目前，国内的搜索引擎使用的技术大多是AltaVista的搜索技术。在搜索时，可以用一些高级命令同时搜索多个关键字，以提高检索的命中率和效率。

3．利用电子公告牌收集资料

电子公告牌就是在网上提供一个公开"场地"，任何人都可以在上面留言回答问题或发表意见，也可以查看其他人的留言，电子公告牌的用途多种多样，一般可以作为留言板，也可以作为聊天（沙龙）、讨论的场所。电子公告牌软件系统有两大类：一类是基于Telnet方式的文本方式，查看阅览不是很方便；另一类是基于WWW方式，使用方法如同浏览WWW网页，利用电子公告牌搜集资料主要是到相关的主题电子公告牌去了解相关资讯。

4．利用新闻组收集资料

新闻组就是一个基于网络的计算机组合，这些计算机可以交换以一个或多个可识别标签标识的文章（或称为消息），一般称作Usenet或Newsgroup。由于新闻组使用方便，内容广泛，并且可以精确地对使用者进行分类（按兴趣爱好及类别），其中包含的各种不同类别的主题已经涵盖了人类社会所能涉及的所有内容（如科学技术、人文社会、地理历史、休闲娱乐等）。使用新闻组的人主要是为了从中获得免费的信息，或相互交换免费的信息。

二、网络市场调研的内容

（一）网络环境

营销环境是一个综合的概念，由多方面的因素组成。环境的变化是绝对的、永恒的。

随着社会的发展,特别是网络技术在营销中的运用,使得环境更加变化多端。虽然对营销主体而言,环境及环境因素是不可控制的,但它也有一定的规律性,我们可通过分析营销环境对其发展趋势和变化进行预测和事先判断。企业的营销观念、消费者需求和购买行为,都是在一定的经济社会环境中形成并发生变化的。因此,对网络营销环境进行分析是十分必要的。

网络营销环境包含微观环境和宏观环境。微观环境直接影响和制约企业的网络市场营销活动。而宏观环境以微观环境为媒介,间接影响和制约企业的网络市场营销活动。宏观环境与微观环境是网络市场环境系统中的不同层次,所有的微观环境因素都受宏观环境因素制约,宏观环境则通过微观环境发挥作用。网络营销宏观环境包括人口、经济政治、法律、科学技术、社会文化与自然等不可控制的因素。网络营销人员必须了解宏观环境,否则,企业就不能制订正确的网络营销策略。网络营销的微观环境是指直接影响企业网络营销能力的各种因素,包括供应商、企业内部、营销中介、顾客、竞争者、公众等因素。

1. 网络宏观环境

网络营销的宏观环境包括给企业带来市场机会和环境威胁的各种外部力量,可用环境分析模型进行分析,如图2-3所示。

图2-3 网络宏观环境分析模型

1) 政治环境

企业开展网络营销活动,必须把握相关的法律法规和政策。制定电子商务相关法律政策的目的是要明确网络市场参与者之间进行网上交易时应该承担的法律责任和义务。通过有关互联网及电子商务的法律法规,以解决诸如客户隐私权问题、电子签名认证问题等,保障网络营销环境的有序、健康发展。

2) 经济环境

一个国家的社会经济运行状况对企业的网络市场营销活动产生直接或间接的影响,企业的网络营销人员必须关心经济环境,并对经济环境作出反应。

(1) 消费者收入。消费者收入指的是消费者从各种来源所得到的收入,通常包括工资、奖金、补贴利息、分红及租金等,消费者的购买力来自消费者的收入,消费者收入水平直接影响市场规模和消费者的支出模式。消费者收入的变化不仅直接影响从事产品和服务企业的营销活动,而且会间接影响从事生产资料和服务企业的营销活动。近五年,我国居民收入逐年增加,带动着我国消费升级。

(2) 消费者支出模式和消费结构。消费者支出模式是指消费者个人或家庭的总消费支出中各类支出的比例关系。随着社会经济的发展,消费者收入的提高及消费观念的变化,消费者的支出模式及消费结构都会发生变化,企业应追踪这些变化,制订适当营销策略,为消费者提供对路的商品及服务,满足市场需求。近五年,我国居民收入、支出逐年增加,企业需要根据这些变化调整策略。

(3) 消费者储蓄和信贷。消费者的购买力除了受消费者的收入影响外,还受消费者储蓄和信贷的直接影响。通常,消费者的个人收入不可能全部用于当前消费,而是会把收入中的一部分以各种方式储蓄起来,这是一种推迟了的潜在购买力。当收入一定时,储蓄越多,现实的消费量就越少,但潜在的消费量就越大;反之,储蓄越少,现实的消费量就越大,潜在消费量就越小。收集和分析消费者储蓄信息,制订有效的营销策略,提供适宜的产品和服务,是企业营销人员的任务和职责。

现代市场经济社会是信用经济社会,消费者不仅可以用货币购买其需要的商品,而且可以用信贷购买商品。消费者信贷就是消费者凭信用先取得商品使用权,然后按期归还贷款的购买商品方式。实际上,这就是消费者提前支取未来的收入,提前消费。因此,企业必须重视对消费者的信用调查研究,避免因顾客无法按期还款,最终导致企业陷入困境。

3) 社会文化环境

社会文化是指在某一社会里,人们所共有的由后天获得的各种价值观念和社会规范的综合体,即人们生活方式的总和。它包括各种社会组织、生活规则、信仰、艺术、伦理道德、风俗习惯、法律、审美观、语言文字等。

(1) 价值观念。价值观念就是人们对社会生活中各种事物的态度和看法。在不同的文化背景下,人们的价值观念相差很大。消费者对农产品的需求和购买行为深受其机制观念的影响。一种新产品的消费会引起社会观念的变革。对于乐于变化、喜欢猎奇、富有冒险精神、较激进的消费者,应重点强调农产品的新颖和奇特;对于一些比较注重传统、喜欢沿用传统消费习惯的消费者,农产品经营企业在制订促销策略时最好把产品与目标市场的文化传统联系起来。

(2) 风俗习惯。风俗习惯是人们在特定的社会物质生产条件下长期形成的风俗、礼节习俗、惯例和行为规范的总和。它主要表现在饮食、服饰、居住、婚丧、信仰、节日、人际关系、心理特征、伦理道德行为方式和生活习惯等方面。不同的国家、不同民族有不同的风俗习惯,它对消费者的消费偏好、消费模式、消费行为等具有重要的影响。例如,我国各地有不同的饮食习惯,八大菜系各具特色,对蔬菜的选择也各不相同。营销者应了解和注意不同国家、民族的消费习惯和爱好,做到"入境而问禁,入国而问俗,入门而问讳"。又如不同的国家对化肥的种类和颜色有不同的禁区、习俗等,因此,园艺类农产品经营者要从事此类产品营销时,一定要了解其风俗习惯。

(3) 宗教信仰。不同的宗教信仰有着不同的文化倾向和戒律,从而影响人们的生活态度、价值观念、购买动机、消费倾向等,形成特有的市场需求。这与营销活动有密切关系,特别是在一些信奉宗教的国家和地区,宗教信仰对市场营销的影响力更大。农产品经营企业应充分了解不同地区、不同民族、不同消费者的宗教信仰,生产适合其要求的产品,制订适合其特点的营销策略。

(4) 教育水平。受教育程度的差异会导致消费观念和消费结构明显不同,如花卉、高档水果与蔬菜在受教育水平高的群体中的销量远远大于受教育水平低的群体。在受教育程度高的城市和地区开发农产品市场、制订营销方案、进行广告策划宣传等方面,要有一定的文化品位,知识含量要尽量符合营销目标人群的文化欣赏习惯和审美要求。

4) 技术环境

现代社会生产力水平的提高主要依靠设备的技术开发,创造新的生产工艺、新的生产计划流程,同时,技术开发也扩大和提高了劳动对象的利用广度和深度,不断创造新的原材料和能源。例如,农业技术的不断改进对农产品的成活率、产量、质量、口味等都有着重要的影响。科学技术的发展使产品更新换代速度加快,产品的市场寿命周期缩短。农业科学技术的发展也使名、优、特、新的蔬菜、水果、花卉新品种不断在市场上推出,炙手可热的技术和新产品转瞬间成为"明日黄花"。这要求农产品经营者不断地进行技术革新、更新品种,跟上技术进步的步伐,市场营销人员也应顺应产品发展的形势,采取相应的对策。

人工智能(AI)现在已经不是一个新鲜概念,随着技术的日益成熟,人工智能正不断扩大在营销领域的应用,已经有许多 AI 技术被应用到企业的营销推广中。广告投放就是 AI 在营销中的应用之一。在广告投放中应用 AI 技术后,系统可以通过多个维度判断投放对象与目标消费群体的契合度,并根据分析结果,给出不同的投放方案。除了广告投放,AI 在营销中的应用还涉及销售情报、消费者洞察、营销优化、售后服务、机器人/虚拟助手智能搜索界面、决策系统、内容生产、品牌建设等方面。

虚拟现实(virtual reality,VR)和增强现实(augmented reality,AR)同样是近来网络营销领域热门的话题,在网络营销推广中,不少企业已经开始使用这些技术,增强用户的体验。目前,VR 和 AR 多应用在眼镜技术上,应用于浏览器正处于探索阶段。VR 和 AR 技术的具体应用是建立在大数据分析的基础之上的,在使用中,用户在浏览的画面上用"目光"点击某一个东西,随即就调出该产品的相关关键词或信息,这些信息会引导用户深度点击,进而推广相关的商品。大数据是人工智能的二维展现,VR 和 AR 则是融合了大数据实现人工智能的三维空间的展现。利用大数据与 VR、AR 能把更好的信息推送给用户。例如,近来淘宝推出的 AR 购物。

技术的发展影响着网络营销的传播内容,新型传播模式层出不穷。近年来,网络新闻报道充分结合图片、文字、音视频、动漫等元素,推出 Vlog(video blog,视频博客)、VR 直播等一系列新型新闻传播形式。例如,在 2022 年两会期间,5G(第五代移动通信技术)实现会场全覆盖,多家媒体传输高清素材,为进行全景 VR 直播提供了保障;虚拟 AI 主播也亮相两会,成为新闻生产的新生力量;还涌现出一系列贴近生活的 Vlog 报道,向公众传递了一种充满生活气息的两会文化,达到了良好的传播效果。

5)人口环境

人口是构成市场的基本因素。人口规模的大小决定市场规模的大小。人口的特征如人口规模、人口年龄结构、地理分布及人口迁移等,都会对市场格局产生深远影响,并直接影响企业的网络营销活动。因此,人口状况是网络营销宏观环境的重要因素。

(1)总体网民的规模。截至 2022 年 12 月,我国网民规模达 10.67 亿,互联网普及率达 75.6%,我国网民规模经历超过 10 年的快速增长后,人口红利逐渐消失,网民规模增长率趋于稳定。近几年,中国互联网行业整体向规范化、价值化发展。首先,国家出台多项政策加快推动互联网各细分领域有序健康发展,完善互联网发展环境;其次,网民人均互联网消费能力逐步提升,在网购、QQ、网络娱乐等领域人均消费均有增长,网络消费增长对国内生产总值增长的拉动力逐步显现;最后,互联网发展对企业影响力提升,随着"互联网+"的贯彻落实,企业互联网化步伐进一步加快。

(2)手机网民的规模。截至 2022 年 12 月,我国手机网民规模达 10.65 亿,网民中使用手机上网人群的占比 99.8%,网民人均每周上网时长达到 26.7 个小时。网民手机上网比例在高基数基础上进一步攀升。

移动互联网发展推动消费模式共享化、设备智能化和场景多元化。首先,移动互联网发展为共享经济提供了平台支持,网约车、共享单车和在线短租等共享模式的出现进一步减少交易成本,提高资源利用效率;其次,智能可穿戴设备、智能家居、智能工业等行业的快速发展,推动智能硬件通过移动互联网互联互通,"万物互联"时代到来;最后,移动互联网用户工作场景、消费场景向多元化发展,线上、线下不断融合,推动不同使用场景细化,同时推动服务范围向更深、更广扩散。

6)自然环境

自然环境是指各国家或地区的客观环境因素,主要包括自然资源、气候、地形地质、地理位置等。虽然随着科技进步和社会生产力的提高,自然状况对经济和市场的影响整体上是趋于下降的,但自然环境制约经济和市场的内容、形式则在不断变化。

2.网络微观环境

网络微观环境是指与企业网络营销活动联系较为密切、作用比较直接的各种因素的总称,主要包括企业内部条件和供应商、营销中介、顾客、竞争者、合作者以及公众等企业开展电子商务、网络营销的上/下游组织机构。不同行业企业的微观营销环境是不同的,因此,微观营销环境又称行业环境因素。

1)企业内部环境

企业内部环境包括企业内部各部门的关系及协调合作。企业内部环境包括市场营销部门之外的某些部门(如企业最高管理层、财务、研究与开发、采购、生产、销售等部门)。这些部门与市场营销部门密切配合、协调,构成了企业市场营销的完整过程。市场营销部门根据企业的最高决策层规定的企业的任务、目标、战略和政策,做出各项营销决策,并在得到上级领导的批准后执行。研究与开发、采购、生产、销售、财务等部门相互联系,为生产提供充足的原材料和能源供应,并对企业建立考核和激励机制,协调营销部门与其他各部门的关系,以保证企业营销活动的顺利开展。

2)供应商

供应商是指向企业及其竞争者提供生产经营所需原料、部件、能源、资金等生产资源的公司或个人。企业与供应商之间既有合作又有竞争,这种关系既受宏观环境影响,又制约着企业的营销活动,企业一定要注意与供应商搞好关系。供应商对企业的营销业务有实质性的影响,在网络经济的条件及情况下,为了适应网络营销的要求,企业与供应商的关系主要表现为企业对供应商的依赖性增强和企业与供应商的合作性增强两方面。

以农产品为例,农产品供应商提供的资源包括种子、农药化肥、生产工具、生产器械等。农产品供应商所供原材料价格的高低、质量的优劣、交货是否及时、供应是否稳定等都会影响农产品经营企业和生产专业户产品的质量、成本、价格、利润和上市时间,从而影响农产品的销售。农产品供应商对于农产品网络营销的影响主要表现在供应的及时性和稳定性,这是营销活动能够顺利展开的基础和前提。例如,销售精品水果的农户在收购水果后,还须根据水果的重量、品相等进行分类和包装,任何一个环节在供应上出现问题,都会导致销售者的生产活动无法正常展开。为此,一是销售者应和供应商保持良好的关系,及时了解和掌握供应商的情况,以在时间和连续性上得到货源供应的保障。二是供应产品的价格变化。供应产品价格变动会直接影响产品的成本。因此,企业必须密切关注和分析供应商的货物价格变动趋势。三是供货的质量保证。企业必须了解供应商的产品并分析其产品的质量标准,从而保证自己产品的质量以赢得客户和市场。因此,企业除了要主动与供应商保持长期稳定的关系,还要建立广泛的购货渠道。

3) 营销中介

营销中介是协调企业促销和分销其产品给最终购买者的公司,包括商人中间商,即销售商品的企业(如批发商和零售商)、代理中间商(经纪人)、服务商(如运输公司、仓库、金融机构等)、市场营销机构(如产品代理商、市场营销咨询企业等)。

由于网络技术的运用,给传统的经济体系带来巨大的冲击,流通领域的经济行为产生了分化和重构。消费者可以通过网上购物和在线销售自由地选购自己需要的商品,生产者、批发商、零售商和网上销售商都可以建立自己的网站并营销商品,所以一部分商品不再按原来的产业和行业分工进行,也不再遵循传统的商品购进、储存、运销业务的流程运转。网上销售,一方面使企业间、行业间的分工模糊化,形成"产销合一""批零合一"的销售模式;另一方面,随着"凭订单采购""零库存运营""直接委托送货"等新业务方式的出现,服务于网络销售的各种中介机构也应运而生。一般情况下,除了拥有完整分销体系的少数大公司外,营销企业与营销中介组织还是有密切合作与联系的。因为若中介服务能力强,业务分布广泛合理,营销企业对微观环境的适用性和利用能力就强。

4) 顾客

顾客或用户是企业产品销售的市场,是企业直接或最终的营销对象。网络技术的发展极大地消除了企业与顾客之间地理位置的限制,创造了一个让双方都更容易接近和交流信息的机制。互联网络真正实现了经济全球化、市场一体化。它不仅给企业提供了广阔的市场营销空间,同时,增强了消费者选择商品的广泛性和可比性。顾客可以通过网络,得到更多的需求信息,使他的购买行为更加理性化。虽然在营销活动中,企业不能控制顾客与用户的购买行为,但它可以通过有效的营销活动,给顾客留下良好的印象,处理好与顾客和用户的关系,促进产品的销售。

5) 竞争者

竞争是商品经济活动的必然规律。在开展网上营销的过程中,不可避免地要遇到业务与自己相同或相近的竞争对手;研究竞争者,取长补短,是克敌制胜的好方法。竞争对手分为愿望竞争者、一般竞争者、产品形式竞争者和品牌竞争者。

(二)网络消费者

网络消费者是指通过互联网在电子商务市场中进行消费和购物等活动的消费者人群,消费者以互联网络为工具手段而实现其自身需要的满足过程。

1. 网络消费者需求特征

在网络环境下消费者需求特征主要体现在以下几个方面。

1) 消费者的消费个性化回归

过去的很长一段时间里,许多企业和公司大多把消费的个性化需求放在首位,在那一时期,个性化消费已经成为时代的主流。但是近代随着经济的发展,越来越多的企业更加注重成本而忽视对消费者个性的满足。而在网络全球化蔓延的今天,随着互联网的飞速进步,消费市场呈现多元化趋势,消费者能够根据不同的需求做更多个性化的选择,每一个消费者都是单独的个体,都需要表现自己的个性,所以,消费者的消费行为必将回归个性化。

2) 消费者的消费行为受价格影响

随着消费市场多元化发展,产品的质量与服务得到提高,相同质量产品消费者会选择价格低廉的。网上的商品减少了经销商、代理商、实体店铺等的运营成本,所以,网络购买产品的价格会更低一些,这使得网络交易迅速发展起来。

3) 消费者的消费主动性变强

现代社会具有不确定性,在社会分工专业化的今天,为了降低购买的风险,消费者会主动通过各种途径了解商品各方面信息进行分析比较来确定是否购买。消费者通过这些可能不够准确、充分的分析比较,从心理上获得安慰,在一定程度上降低其购买风险感,增强消费者对产品购买的主动性。

4) 消费者对购物便捷化要求更高

随着人们生活节奏的不断加快、现代物流技术的快速发展,许多商家在网络上通过微信、微博、淘宝、直播等新媒体技术平台销售产品,使消费者可以更加全面地了解网络市场上产品的信息,明确自身的消费目标并选择出最为合适、便捷的消费方式。所以,消费者在进行消费购买商品时,除了要求质量和价格外,对方便快捷和节省时间等方面有了更高的要求。

5) 网络购物成为消费者的常态化购买方式

随着移动网络和新媒体技术的快速发展,手机一族迅速崛起,成为许多人了解各种信息的手段,消费者通过网络查找商品信息进行购买,所以,网络购物已经成为越来越多消费者主要的购物方式。

2. 网络消费者购买决策过程

网络消费的购买过程可分为以下五个阶段。

1) 确认需要

网络购买过程的起点是诱发需求,当消费者认为已有的商品不能满足需求时,才会产生购买新产品的欲望。在传统的购物过程中,消费者的需求是在内外因素的刺激下产生的,而对于网络营销来说,诱发需求的动因只能局限于视觉和听觉。因此,网络营销对消费者的吸引是有一定难度的。作为企业或中介商,一定要注意了解与自己产品有关的实际需要和潜在需要,掌握这些需求在不同的时间内的不同程度以及刺激诱发的因素,以便设计相应的促销手段去吸引更多的消费者浏览网页,诱导他们的需求欲望。

2) 收集信息

当需求被唤起后,每一个消费者都希望自己的需求能得到满足,所以,收集信息、了解行情成为消费者购买的第二个环节。收集信息的渠道主要有两个方面:内部渠道和外部渠道。消费者首先在自己的记忆中搜寻可能与所需商品相关的知识经验,如果没有足够的信息用于决策,消费者便要到外部环境中去寻找与此相关的信息。当然,不是所有的购买决策活动都要求同样程度的信息和信息搜寻。

3）比较选择

消费者需求的满足是有条件的,这个条件就是实际支付能力。消费者为了使消费需求与自己的购买能力相匹配,就要对各种渠道汇集而来的信息进行比较、分析、研究,根据产品的功能、可靠性、性能、模式、价格和售后服务,从中选择一种自认为"足够好"或"满意"的产品。由于网络购物不能直接接触实物,所以,网络营销商要对自己的产品进行充分的文字描述和图片描述,以吸引更多的顾客。但也不能对产品进行虚假宣传,否则可能会永久地失去顾客。

4）购买决策

网络消费者在完成对商品的比较选择之后,便进入购买决策阶段。网络营销购买决策是指网络消费者在购买动机的支配下,从两件或两件以上的商品中选择一件满意商品的过程。购买决策是网络消费者购买过程中最重要的组成部分,它基本上反映了网络消费者的购买动机。网络消费者在决策购买某种商品时,一般要具备以下三个条件:一是对企业有信任感;二是对支付有安全感;三是对产品有好感。所以,网络营销的厂商要重点抓好以上工作,促使消费者购买行为的实现。

5）购后评价

消费者购买商品后,往往通过使用对自己的购买选择进行检查和反省,以判断这种购买决策的准确性。购后评价往往能够决定消费者以后的购买动向,"满意的顾客就是我的最好的广告"。为了提高企业的竞争能力,最大限度地占领市场,企业必须虚心听取顾客的反馈意见和建议。方便、快捷、便宜的电子邮件为网络营销者收集消费者购后评价提供了得天独厚的优势。企业还可以通过在线评价系统、客服服务系统收集评价数据,通过计算机的分析、归纳,可以迅速找出工作中的缺陷和不足,及时了解消费者的意见和建议,制订相应对策,改进自己产品的性能和售后服务。

3．**网络消费用户画像**

用户画像是指根据用户的基本属性、用户偏好、生活习惯、用户行为等信息而抽象出来的标签化用户模型。每一个标签及标签权重即为用户的一个向量,一个用户可以理解为超维空间的多个向量(标签)的和。即通过数据方式来描述用户,最终将一个用户表达为计算机可识别的用户,以此为基础实现用户画像应用。

（1）基本属性:即性别、职业、月收入、有无车等标签,通过用户注册信息和多维建模获得。

（2）购买能力:即消费指数、潮妈族、消费水平等标签,通过消费金额、下单频率、消费周期等数据分析建模获得。

（3）行为特征:即活跃程度、购物类型、起居时间等标签,通过分析浏览、点击、下单等数据获得。

（4）社交网络:即社交关系网、公司关系网等标签,通过收货地址、活动地址等信息来判断。

（5）心理特征:即促销敏感度、购物忠诚度等标签,通过代金券使用频率、购买单品类的品牌分布等数据判断。

（6）兴趣爱好：即运动偏好、品牌偏好、爱打扮、颜色偏好等标签，通过购买的商品、颜色、品牌等信息判断。

任务三　网络市场调研实施

一、网络调查问卷设计

（一）网络调查问卷设计原则

一般地，传统调查问卷设计有六大原则，分别是合理性、一般性、逻辑性、明确性、非诱导性以及便于整理和分析。根据传统问卷与网络问卷的共性与差异，网络问卷设计也应基于这六大原则进行，但针对网络问卷的特殊性，应该将传统问卷的设计原则和网络问卷涉及的网络环境相融合，创新相关的设计理念。

1．合理性

合理性是指问卷的内容设计必须体现调查主题。问卷的设计体现调查主题，其实质就是在问卷设计之初要找出与调查主题相关的要素并在设计中体现。在网络环境下，调查者根本不能与参与者进行直接交流，问卷内容不能随着调查的进程做出调整，所以设计问卷时必须时刻牢记调查主题，充分挖掘主题要素，设计出全面体现调查主题的问题与答案。

2．一般性

一般性即问题的设计是否具有普遍意义。应该说，这是问卷设计的一个基本要求。因为问卷调查的期望就是通过获得的信息分析得出具有普遍意义的结论，所以问卷设计的一般性原则是非常重要的。特别当还有人对网络调查持有不信任态度时，网络问卷设计一定要保证问题的普遍意义和较高水平，更要避免常识性的错误。否则，会导致参与者轻视设计者的水平，进而轻视问卷的填写，这不仅影响调查结果的准确可靠，不利于调查结果的分析整理，甚至会影响调查的正常进行。

3．逻辑性

逻辑性即网络问卷的设计要有整体感，也就是说问题与问题之间要连贯，具有条理性、层次性。设计网络问卷时，通常将差异大的问题进行分块设置，这样能保证每个分块内的问题都密切相关，使参与者感到问题集中，提问有章法。相反，假如问题比较分散，彼此之间联系松懈，逻辑关系含混不清，那么问卷就会给人以随意、不严谨的感觉，影响到参与者的积极性和调查结果的真实准确。

4．明确性

所谓明确性，实际就是问题设置的规范性，即问题是否准确、清晰，是否便于参与者做出明确的回答等。在网络环境下，由于参与者一个人面对问卷，他们无法询问不明确之处，所以一定要避免使用模糊性的词句。否则，不仅令参与者难以作答，更会造成有效信息的流失。

5．非诱导性

非诱导性即网络问卷中问题的设计要处在中立地位，不带偏见，不主观臆断，不做任何提示、暗示,始终将参与者的独立性与客观性摆在第一位。带有诱导性的问题或答案容易左右参与者的判断,这会直接导致收集的信息失真、数据虚假,严重影响调查结果。

6. 便于整理和分析

便于整理和分析即要求问卷收集来的数据、信息能够层次分明、归类清楚,从不同侧面对调查的问题给予说明。我们往往使用统计分析软件统计网络问卷收集来的数据,所以在问卷设计之初必须考虑到如何使结果便于进行统计分析。这就要求调查指标必须是能够累加和便于累加的,而且指标的累加与相对数的计算是有意义的。

(二)网络调查问卷设计内容

以往大量有关传统信函调查的研究结果表明,调查问卷的设计对调查所获得的数据质量具有至关重要的影响。互联网所具备的强大的多媒体功能,为设计网络问卷提供了丰富多彩的设计选择,越来越多的实证性研究开始关注网络调查问卷设计的特点等问题。但与此同时,正是由于这种问卷设计选择的多样性特点,也使得网络调查设计的质量和效果控制问题相应变得更加复杂。

在网络问卷设计中,最重要的一个原则就是保持网络问卷屏幕布局的清晰性、易懂性和易操作性。在设计网络问卷时,需要综合考虑问卷的整体布局和题型选择,力图吸引参与者的目光,提高其填写动机,最终达到提高反馈率的目标。在同一份问卷中,除特殊情况外,通常每一页屏幕布局的各个细节部分应该尽量保持一致性。例如,通常情况下,问卷屏幕的布局应该主要包括以下三个基本组成部分。

1. 标题部分

在问卷的顶部应只放置少量的一般性信息,如调查机构、联系方式、调查标题等。问卷的右上角部分,可放置某种形式的问卷填写进度指示器,用来向参与者展示整个问卷的长度及其目前所在位置。在设计进度指示器时,必须注意设计应尽量不要增加额外的问卷下载和显示时间,否则将对反馈率有负面影响。

2. 问题部分

问卷版面的中间部分包括各种要求参与者回答的问题。每一个问题通常都有题干、操作说明和问题选项(即答案)组成。在设计题干时,应采用常见的字体来显示。有时为突出题干内容,或与其他的文本性内容区别开来,可考虑使用粗体或不同的颜色。为强调题干中的某些关键词,也可采用颜色识别的方式(需要指出的是,问卷中的色彩设置对参与者中的色盲者来说是毫无意义的)。

操作说明的清晰与否,是影响参与者是否能完成问题回答和进入下一个问题的至关重要的因素。为避免重复,可以考虑只为问卷中第一次出现的题型加注操作说明。这种设计方式最大的优势在于能够保持问卷界面的简洁性,缺点是在某些情况下,有些参与者有可能会忘记原来的说明。

根据问题类型的差别,问题选项需要根据实际情况和需要进行设计。对于开放型题目,经常出现的一个问题是,参与者搞不清究竟应该输入多少字才算合适,是寥寥数语呢,还是一段话?尤其是对于计算机操作新手而言,他们很有可能会由于看到文本框很小而判断只能输入很少的字符,却不知道文本框通常会随着更多字符的输入而自动生成一个滚动条。因此,在设计开放题时,尤其是在问卷中第一次出现此题型时,应在题干之后加注文本框可容纳的最多字符数(或行数)。这样,就可以在一定程度上降低参与者在输入文字时的顾虑。

对于封闭性问题,通常情况下,较常用的选项格式有单选钮、下拉菜单、多选框等。单选钮和多选框的优点在于其外形酷似传统问卷中的单选题,所以参与者看到后会感觉很熟悉。但其也有一些缺点,如外形较小,需要用鼠标精确定位后方能选中。这对于鼠标操作不熟练者来说,并非易事。下拉菜单题型是网络问卷所特有的题型,其最大的优点是可以容纳大量选项却不会占用过多的问卷版面。

但其最重要的一个缺点是操作较复杂,通常需要点击三次鼠标才能完成选择:点击下拉菜单、滚动条和选择其中之一,即使下拉选项较少不需要滚动条,也要至少点击两次鼠标。另外,在封闭性问题中,有一种"可全选"题型,即参与者可在选项中选择任意数量的答案。研究认为,"可全选"题型是一种极易导致测量误差的题型,应尽量避免采用这种题型。

3. 导航部分

网络问卷屏幕布局的第三部分是问卷的底部,此处通常放置问卷的"导航按钮",如"下一题""清空"或"提交"等。当参与者点击此类按钮后,问卷将会自动进行相应的操作。

(三)网络调查问卷设计常见问题

1. 调查问题数目过多

使参与者没有耐心完成调查问卷,会降低调查结果的可信度。

2. 调查问题设计不当

问题主题表述太笼统,如"您觉得××饭店怎么样?";表述含糊不清,如"您使用哪个牌子的洗发水?";使用长或复杂的句子;使用双重否定句;使用专业术语、生僻词语;用了诱导性的词语;包含过多的计算。

3. 答案设置不当

选项内容的相互包容,遗漏重要问题答案,使用含糊的形容词、副词,使用诱导性答案,选项不对称等。

在设计调查问卷时,应有针对性地避免以上问题的出现。

二、 网络调研报告写作

网络市场调研作为一种研究手段,已经被广泛应用到各个行业,如何将调研结果清晰明了地表现出来呢? 这就要求撰写的调研报告有明确的主题、清晰的条理、简洁的表现形式。调研报告是整个调研工作,包括计划、实施、收集、整理等一系列过程的总结,是调研人员劳动与智慧的结晶,也是客户需要的最重要的书面结果之一,是一种沟通、交流形式,其目的是将调研结果、战略性的建议以及其他结果传递给管理人员或其他担任专门职务的人员。因此,认真撰写调研报告、准确分析调查结果、明确给出调研结论是报告撰写者的责任。

一份相对比较完整的调研报告的结构主要包括以下内容。

1. 封面

封面包括调研报告标题、委托客户的单位名称、调研的单位名称和调研日期,其中标题要尽可能贴切、表明调研项目的性质。

2. 目录表

如果调研报告的内容、页面较多,为了方便阅读,应当使用目录或索引形式列出报告所分的主要章节和附录,并标明标题、有关章节的页码。一般而言,目录的篇幅不宜超过一页。

3. 调查结果和有关建议的概要

概要是整个报告的核心,要简短,切中要害,使阅读者既可以从中大致了解调研的结果,又可以从后面的内容中获取更多的信息。有关建议的概要部分则包括必要的背景、信息、重要发现和结论,有时根据阅读量的需要,还可提出一些合理化的建议。

4. 主体部分

主体部分包括整个市场调研的详细内容,含调研使用方法、调研程序、调研结果,要尽量讲清调研使用的方法,并说明选择此种方法的原因。在主体中有相当一部分内容应是数字、表格,要用最准确、恰当的语句对分析做出描述,结构要严谨,推理要有一定的逻辑性,必要的情况下,应加以分析,以提高整个调研活动的可信度。

5. 结论和建议

应根据结果总结结论,并结合企业或客户情况提出所面临的优势与困难,提出解决方法,即建议,对建议要做简要说明,使读者可以参考文本中的信息对建议进行判断、评价。

6. 附件

附件内容包括一些过于复杂、专业的内容等,通常将调研问卷、抽样名单、地址表、地图、统计检验计算结果、表格、制图等作为附件内容,每一部分内容均需要编号,以便查询。

知识链接

SWOT 分析法

SWOT 分析,即基于内外部竞争环境和竞争条件下的态势分析,就是将与研究对象密切相关的各种主要内部优势、劣势和外部的机会和威胁等,通过调查列举出来,并依照矩阵形式排列,然后用系统分析的思想,把各种因素相互匹配并加以分析,从中得出一系列相应的结论,而结论通常带有一定的决策性。

SWOT 分别代表:strengths(优势)、weaknesses(劣势)、opportunities(机遇)、threats(威胁)。竞争优势(S)是指一个企业超越其竞争对手的能力,或者指公司所特有的能提高公司竞争力的东西。竞争劣势(W)是指某种公司缺少或做得不好的东西,或指某种会使公司处于劣势的条件。公司面临的潜在机会(O)是影响公司战略的重要因素。企业管理者应当确认每一个机会,评价每一个机会的成长和利润前景,选取那些可与公司财务和组织资源匹配、使公司获得的竞争优势的潜力最大的最佳机会。危及公司的外部威胁(T)即公司的外部环境中,存在某些对公司的营利能力和市场地位构成威胁的因素。公司管理者应当及时确认危及公司未来利益的威胁,做出评价并采取相应的战略行动来抵消或减轻它们所产生的影响。

科 学 精 神

科学精神是推动社会进步的强大力量。

——周海中

科学精神就是实事求是、求真务实、开拓创新的理性精神,包括求实精神、创新精神、怀疑精神、宽容精神等几个方面。其中,最主要的是求实与创新,主张科学认识来源于实践,实践是检验科学认识真理性的标准和发展的动力,重视以定性分析和定量分析作为科学认识的一种方法。

科学精神是一个国家繁荣富强、一个民族进步兴盛必不可少的精神。科学精神促使人们不断深入探索自然规律,发现新知识,创造新技术,推动科学技术进步。科学精神培养了人们的独立思考、创新能力和探索精神,使个人更加自信、勇敢和有责任心。

在网络营销调研过程中,要秉承科学精神,根据调研任务,选择合适的调查方法,合理设计和制作问卷,科学严谨分析调研数据,尊重调研结果,实事求是撰写调研报告。

一、理论知识实训

(一)单项选择题

1.（   ）间接影响和制约企业的网络市场营销活动。

   A. 宏观环境　　　　B. 微观环境　　　　C. 管理环境　　　　D. 经济环境

2.（   ）是了解用户的第一步。

   A. 用户分析　　　　B. 角色创建　　　　C. 用户访谈　　　　D. 角色互换

3. 问卷调查法属于网络市场调研的（   ）。

   A. 间接调研法　　　B. 直接调研法　　　C. 网络观察法　　　D. 网络实验法

4. 消费者收入水平属于按（   ）细分因素。

   A. 地理　　　　　　B. 消费心理　　　　C. 人口　　　　　　D. 消费行为

(二)多项选择题

1. 以下是网络营销微观环境的是（   ）。

   A. 企业内部　　　　B. 供应商　　　　　C. 竞争者　　　　　D. 顾客

2. 消费者购物决策过程可以分为以下阶段（   ）。

   A. 确认需要　　　　B. 信息收集　　　　C. 比较选择　　　　D. 购买决策

   E. 购后评价

二、综合能力实训

了解农产品网络市场调研的过程,能够结合地区特色农产品如潮州柑橘、梅州红柚、赣南脐橙、修水皇菊、南丰蜜橘开展网络市场调研方案设计、调查问卷设计,并实施网络市场调研,形成网络市场调研报告。

（1）小组讨论,设计农产品网络市场调研目的,并结合小组成员设计网络市场调研方案,根据调查方案填写表 2-2。

表 2-2　调查方案表

（　　　　）农产品网络市场调查方案	
调研目的	
调研对象	
调研内容	
调研项目	
调研方法	
人员安排	
经费预算	
时间安排	
备注	

（2）根据小组调研方案,设计问卷,并投放到问卷星上,利用微信、微博、论坛等方式投放问卷并回收。

（3）结合其他网络市场调研方法,形成农产品网络市场调研报告。

（4）将调研成果在讨论区(讨论区话题：“特色农产品调研”)进行讨论。

网络营销推广篇

搜索及信息流推广

 学习目标

知识目标：了解搜索引擎的基本工作原理，理解搜索引擎营销的内容及主要方法；掌握搜索引擎优化的内容；掌握信息流推广技巧。

能力目标：能够结合企业网店的特点选择合适的搜索引擎；能够运用合适的工具对企业网店进行推广，能够熟练运用信息流推广。

素质目标：能够通过对网店进行推广，提高客户服务意识。

思政目标：培养职业意识和职业道德。

 知识思维导图

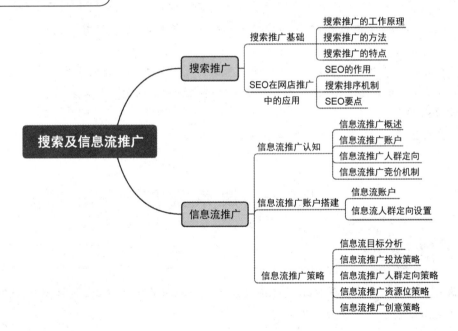

 **引导案例**

荣耀手机的信息流品牌营销

营销背景

为召开荣耀8新机发布会，并随即发起荣耀8的新机预约活动。新机定位年轻人群，在短期内最大化推广新品知名度,并在当下手机市场竞争如此激烈的环境下,最大化挖掘潜在购买力。

营销目标

广泛覆盖受众,建立影响力,引导用户参与,将潜在用户转化成购买力。

营销策略

用户洞察。头条大数据洞察荣耀8目标消费者。荣耀8目标消费者是年轻人群,他们追求高颜值、时尚潮流、创新。在头条上关注代言人的用户众多,并且集中年龄段和荣耀8目标人群高度匹配。

投放策略

开屏+推荐信息流双拳组合出击,营造荣耀8新机发布会热度,启动今日头条App第一入口开机大屏资源,在用户必经之路上进行覆盖狙击。

同时联动推荐信息流,将荣耀8广告原生化展现在用户阅读第一屏,以头条王牌资源+路径覆盖的双重配合最大限度地扩散用户认知。

产品策略

调动今日头条技术优势,采用关键词定位进行用户人群匹配,提前锁定荣耀8、手机等关键词建立代言人专属优选人群包。

技术级提炼标签,将目标用户三层扩展,"代言人核心关注人群""时尚娱乐科技人群""年轻活力泛人群"三重覆盖,技术后台精准找到目标用户,实现广告精准投放。

创意优化

优化用户终端操作步骤,在用户选择同意的情况下可系统一键自动提取电话号码,无须手动输入,降低转化流失,在最后一公里为广告主留存意向用户群体。

营销效果

全程投放5天,总曝光量为24 369万;总点击量为1 070万,留资数为1 008 229个。

(资料来源:https://zhuanlan.zhihu.com/p/379277746.[2023-10-9].)

任务一 搜 索 推 广

 想一想

你的创业团队所建设的网站目前在搜索结果中的位置很不理想,如何才能让团队的网站在自然搜索中取得较好的排名呢?

一、搜索推广的基础

(一)搜索推广的工作原理

搜索引擎营销的基本思想是让用户发现信息,并通过(搜索引擎)搜索点击进入网站或网页进一步了解他所需要的信息。

搜索引擎(search engine)是在一定的规则指导下,运用特定的计算机程序搜集互联网上的信息,再对信息进行处理包括组织,为用户提供搜索服务的系统。通常搜索引擎包括搜索器、索引器、检索器和用户接口四个部分。用户所能看到的只有用户接口,也就是搜索引擎的功能界面和结果界面。企业网站利用搜索引擎营销首先应该了解搜索引擎的工作原理。

搜索引擎的主要工作包括页面抓取、页面分析、页面排序及关键字查询。

(1)页面抓取:搜索引擎通过蜘蛛程序在互联网上抓取页面并进行存储的过程,为搜索引擎开展各项工作提供了数据支持。

(2)页面分析:对抓取回来的网页进行信息提取处理,包括提取页面的正文信息,并对正文信息进行分词等,为后续建立关键字索引及关键字倒排索引提供基础数据。

(3)页面排序:搜索引擎结合页面的内外部因素计算出页面与某个关键字的相关程度,从而得到与该关键字相关的页面排序列表。

(4)关键字查询:搜索引擎接收来自用户的查询请求,并对查询信息进行切词及匹配,再向用户返回相应的页面排序列表。

(二)搜索推广的方法

搜索引擎营销(search engine marketing)通常简称为 SEM。简单来说,搜索引擎营销就是基于搜索引擎平台的网络营销,搜索引擎已然成为大众互联网的重要入口。利用人们对搜索引擎的依赖和使用习惯,在人们检索信息时将信息传递给目标用户。搜索引擎营销的基本思路是让用户发现信息,并通过点击进入网页,进一步了解所需要的信息。企业通过搜索引擎付费推广,尽可能将企业的营销信息显示在突出位置,有效传递给目标用户,从而引起客户关注,促进客户认知、达成交易的活动。搜索引擎营销的分类及付费形式:从当前主流应用上来分,搜索引擎营销主要分为搜索引擎竞价和搜索引擎优化两大类。

开展 SEM 的主要方式如下。

(1)竞价排名,顾名思义就是网站付费后才能被搜索引擎收录,付费越高者排名越靠前;竞价排名服务是由客户为自己的网页购买关键字排名,按点击计费的一种服务。客户可以通过调整每次点击付费的价格,控制自己在特定关键字搜索结果中的排名;并可以通过设定不同的关键词捕捉到不同类型的目标访问者。在国内最流行的点击付费搜索引擎有百度、雅虎和谷歌。值得一提的是,即使是做了 CPC(按点击付费)付费广告和竞价排名,也应该对网站进行搜索引擎优化设计,并将网站登录到各大免费的搜索引擎中。

(2)购买关键词广告,即在搜索结果页面显示广告内容,实现高级定位投放,用户可以根据需要更换关键词,相当于在不同页面轮换投放广告,如图 3-1 所示。

(3)搜索引擎优化(SEO),就是通过对网站进行优化设计,使得网站在搜索结果中靠前。SEO 又包括网站内容优化、关键词优化、外部链接优化、内部链接优化、代码优化、图片优化、搜索引擎登录等,如图 3-2 所示。

(4)PPC(按有效通话付费),比如,TMTW 来电付费就是根据有效电话的数量进行

图 3-1　百度付费推广

图 3-2　百度 SEO 推广

收费。购买竞价广告也被称作 PPC。

（5）资源合作的营销方法。网站交换链接、交换广告、信息推广、信息合作、用户资源合作等方式，合作共赢，利益共享，共同发展。

（6）搜索引擎排名服务项目。根据目前应用搜索引擎的不同，搜索引擎营销也可以分为专业搜索引擎上的搜索引擎营销和电子商务平台的搜索引擎营销。前者如百度、360点睛、搜狗的竞价和优化，后者如阿里巴巴淘宝网、慧聪网上面的竞价和优化。阿里巴巴上的网销宝、淘宝上的直通车广告、慧聪网上的名列前茅都属于搜索引擎竞价的形式，三者都是按点击付费的。

（三）搜索推广的特点

随着国内网络营销市场的不断发展和成熟，国内的网络营销形式在不断地演变和完善，但由于目前搜索引擎的使用率在各项网络应用中居主导地位，因此它已然成为大多数企业网络营销的主流形式。

1．搜索引擎营销客户覆盖面广

中国互联网络信息中心(CNNIC)在京发布第51次《中国互联网络发展状况统计报告》显示，截至2022年12月，我国网民规模达10.67亿，较2021年12月增长3549万，互联网普及率达75.6%。我国互联网应用用户规模保持平稳增长。一是即时通信等应用基本实现普及。截至2022年12月，在网民中，即时通信、网络视频、短视频用户使用率分别为97.2%、96.5%和94.8%，用户规模分别达10.38亿、10.31亿和10.12亿。二是在线办公、互联网医疗等应用保持较快增长。截至2022年12月，在线办公、互联网医疗用户规模分别达5.40亿和3.63亿，同比分别增长15.1%和21.7%，成为用户规模增长最快的两类应用；短视频、网络直播的用户规模增长率紧随其后，同比分别增长8.3%和6.7%，用户规模分别达10.12亿和7.51亿。

2．搜索引擎营销客户针对性强

与传统市场的推广方式、网络平台推广、营销型网站不同，搜索引擎营销投放信息都是根据客户选用的关键字而有针对性地展示的，因此，用户搜索目的明确，企业投放信息针对性也较强，有利于企业降低营销成本，提高营销收益。

3．按效果付费的网络营销形式

这一点主要是针对搜索引擎上的竞价广告而言，搜索引擎上竞价广告与传统广告推广有着本质的差别。传统广告一般是按千人印象成本(CPM)的形式付费，无法准确地统计广告效果，而基于搜索引擎营销的竞价广告则采用按点击付费(CPC)的形式，针对性不但强，而且效果容易统计，根据点击效果付费。

4．搜索引擎营销的向导性突出

企业实施搜索引擎营销在搜索引擎中的表现只是一个结果而已，如果要达到深度客户营销的效果，不需要客户深入访问到结果所对应的网站或网页，能否将浏览者转化为最终客户还依赖于着陆页(land page)、网站的深度表现，因此，搜索引擎营销在网络营销中更多起到的是向导作用，对于后续企业能否获得客户，还需要企业其他环境的支持。

二、 SEO在网店推广中的应用

(一) SEO的作用

SEO是一种利用搜索引擎的搜索规则提高目前网店在有关搜索引擎内自然排名的方式，从狭义上讲，SEO优化是通过总结搜索引擎的排名规则，对网店进行合理优化，使网店在所搜索引擎的排名靠前。从广义上讲，SEO优化是一套基于搜索引擎的营销思路，为网店提供生态式的营销方案，使网店在行业内占据领先地位，从而获得品牌效应。其本质是迎合搜索引擎的排序机制，让搜索引擎认为该店铺的商品或服务对搜索引擎的用户而言最有价值，最有可能成交转化。

网店推广中的SEO优化一般包括标题优化、商品类目优化、详情页优化、相关性优化、权重优化等，以此来使网店获取更好的自然搜索排名和更多的平台推荐机会，带来更多免费流量，SEO优化是网店获取平台免费流量的重要手段。以电子商务平台为例，无论是国内电子商务平台还是跨境电商平台的店铺流量，主要来自平台免费流量、自主访问流量付费、推广流量等,其中免费的平台流量占比最高,也是众多卖家争相抢夺的目标。因此 SEO 优化对网店推广极为重要。

SEO 优化的具体作用如下。

1. 降低网店获客成本

网店获客成本指网店获取新的客户所产生的费用,其公式为

$$网店获客成本=(营销总费用+销售总费用)÷获取新客数$$

网店流量来源一般包括免费流量和付费流量,要降低网店的获客成本,就要提高免费流量在总流量来源中所占的比重。当消费者需要了解一种商品或者一项服务时,一般会通过搜索引擎进行搜索,因此 SEO 优化不仅能为网店带来免费流量,也能为其带来精准的客户付费。

2. 影响付费推广效果

网店的付费推广效果是指网店通过付费的方式,达到提高店内商品或服务曝光率、转化率等指标的效果。如果一个网店只重视付费流量而忽略 SEO 优化,那么即使网店投入大量的付费推广成本,糟糕的 SEO 优化仍会影响搜索引擎的推荐结果和搜索结果,甚至会降低付费推广的效果。SEO 优化和 SEM 推广信息流等付费推广方式是相辅相成,互相促进的。做好付费推广的前提是做好 SEO 优化,在付费推广的助推下增加电商平台的总流量。

3. 提升网店权重

网店权重指搜索引擎根据网店表现给出的一个综合评分,网店权重是网店在搜索引擎中的可信赖度,是搜索引擎对网店的排名依据,权重越高,店铺的可信赖度越高,搜索排名越靠前,搜索引擎为了更好地管理网店,精准地向用户推荐合适的商品或服务,都会通过设置权重等级来区分店铺,电子商务平台更倾向于将优质的流量分配给权重高的店铺。店铺权重的计算指标有很多,如店铺类型、店铺 DSR(卖家服务评级系统)评分、好评率、店铺人气、销量、点击率、转化率、复购率、旺旺响应速度等,SEO 优化的结果能直接反映在这些计算店铺权重的重要指标上。

(二) 搜索排序机制

搜索引擎排序机制的定义可以从以下两个角度入手。

从搜索引擎角度而言,搜索引擎排序机制是指搜索引擎对搜索结果进行排序的方法,根据搜索引擎排序算法,对搜索排名的影响因素进行指标打分,并完成排序。

从用户搜索角度而言,搜索引擎排序机制是指搜索引擎通过用户引导、搜索词拓展、搜索词拆解、内容筛选等行为,对用户进行商品或服务推荐的过程。

互联网行业的发展日新月异,各大互联网平台的搜索规则也在不断变化升级,个性化搜索成为百度、淘宝、京东、速卖通、亚马逊等各大平台搜索引擎发展的趋势。搜索引擎由最初满足用户搜索需求,上升到为用户提供更优质的服务体验。个性化搜索具体表现为当平台用户积累到一定数量的时候,根据用户的各种交互行为和不同偏好,采用大数据挖掘和人工智能技术构建用户画像,刻画出该用户的偏好,定制搜索内容的行为,互联网平台搜索引擎的目标是帮助完善搜索意图,为用户推荐最合适的商品或服务,以提高整体搜索效果。

搜索工具的工作过程如下：首先对用户输入的搜索词进行解读分析；然后根据解读后的搜索词，对商品或服务的内容进行筛选；最后根据用户属性，将筛选的商品或服务按照不同维度的得分进行排序后，展现在用户的搜索结果中。下面主要从用户搜索角度分析搜索引擎为用户提供商品或服务推荐的搜索结果排序机制，包括用户引导、搜索词拓展、搜索词拆解、内容筛选4个环节。

1. 用户引导

用户引导是指在用户开始搜索之前，互联网平台根据对用户人群画像的构建，在搜索框中间或者下方默认向用户推荐其可能搜索的关键词、类目词、品牌词特定活动等，引导用户搜索相关论文内容或提示用户所要搜索的关键维度的过程。

2. 搜索词拓展

搜索词拓展是指当用户在搜索框中输入要搜索的信息之后，搜索引擎通过搜索联想和自动补全功能，向用户推荐与搜索词非常相关的关键词的过程，用户通过点击推荐的关键词，能够搜索到更精准的结果，而对搜索词进行拓展，能够帮助用户在搜索之前更好地理解系统需求，避免出现搜索词反馈的商品或服务信息较少，或者反馈的商品或服务信息与用户的真实需求不相匹配等问题。系统如果直接使用这些搜索词，对数据库中的内容进行检索排序，再推荐给用户，往往会和用户真实需求存在误差，降低用户的搜索体验。而系统提供的推荐词是经过众多真实数据验证，有了海量数据支撑的搜索关键词，用户如果使用了这些推荐的关键词，得到的搜索结果会和预想的结果更加相关，可以有效提升用户的搜索体验。这也是系统在SEO优化的关键词挖掘过程中，对搜索框中的推荐词如此看重的原因。

系统拓展搜索词的过程如下：当用户开始输入搜索词时，每输入一个关键词，系统就会采用前缀匹配原则，先使用品类引导词，对用户输入的搜索词进行补全。当出现明显的品类引导词后，系统会进一步明确用户搜索的商品类目，用更细粒度属性的标签筛选词继续进行补全。

3. 搜索词拆解

搜索词拆解是指在用户的搜索词确定之后，搜索引擎对用户的搜索词拆解进行语义解析，预测用户的搜索意图的过程。

在电子商务平台中，搜索词拆解包括词性识别、类目预测、性别预测和拆解拓展等。

（1）词性识别。这一过程能够帮助搜索系统快速定位到用户想要搜索的商品，核心词定位不同，搜索结果则截然不同。因此从搜索词中快速准确地定位核心词非常重要，只有给予核心词更高的分值权重，搜索结果才能更加符合用户的真实搜索意图。

（2）类目预测。类目预测是指系统参考用户本身的标签属性，对用户所搜索关键词搜索类目进行判断的过程，在商品筛选搜索的过程中，类目是系统筛选商品的重要参考因素，将类目相关性作为重要指标，既能保证商品搜索的效率，也能保证类目的强相关性，从而保障用户的搜索体验。

（3）性别预测。性别预测是指系统参考用户本身的标签属性，对用户所搜关键词所属性别进行补全的过程。

（4）拆解拓展。拆解拓展是指搜索引擎系统对用户输入的关键词进行拆解之后，对核心词的改写和拓展，以此来获得更丰富的体验，以及更好的搜索结果。

对用户输入的搜索词进行拆解之后，数据量依然不够丰富，直接搜索系统内部存在的海量的商品标题和商品属性描述，其搜索结果既不够丰富又过于宽泛，对于一个搜索查询会有很多相似的问法或者相似的查询词，对于计算机搜索系统来说，向其输入越丰富的指令就会得到越丰富的结果。所以搜索系统根据对用户输入的搜索词进行拆解和拓展，就十分重要。

在网站中搜索词拆解比较简单，在对搜索词拆解之后，一般会出现以下几种情况：①完全匹配，即网站中完整的出现了搜索词，并且关键词的位置也相同；②部分匹配，即对搜索词拆解后，网站关键词中只出现了部分搜索词；③分词匹配，即将搜索词作为两个独立的词组，分别出现在标题中的不同位置；④同义词匹配，即用同义词对搜索词进行替换后的网站推荐。

4. 内容筛选

内容筛选是指当互联网搜索引擎系统完成搜索词的拆解之后，就会得到一个关于搜索词的向量集合，系统通过搜索用户标签的提炼，得到一个关于用户的向量集合，这两个集合里包含有不同关键词的权重和不同用户标签的权重，它们将会被用来进行商品或服务的筛选，在对商品或服务进行检索时，参考的指标包括标题、参数、规格、品牌、类目、促销类型，这些指标的权重也组成了向量集合，最后系统通过计算向量集合直接的相似度得出搜索排名，向量之间相似度高的排名就会越高。

在对商品或服务进行检索时，搜索词在被完整匹配和部分匹配的权重是不一样的。筛选后的排名并不是最终的搜索排名，还需要考虑非常多的因素，每个因素的权重也不尽相同，需要综合考虑。

（三）SEO 要点

影响搜索引擎搜索排名的因素有很多，但究其核心影响因素主要包括描述质量、相关性、服务质量、权重等，下面将对这 4 个搜索排名的核心影响因素进行详细介绍。

1. 描述质量

描述质量是指对网店中的标题、详情页等描述的质量，描述质量的高低会对用户体验造成极大的影响，进而影响搜索排名。不同形态网店的描述质量所包含的要素不尽相同，下面对不同形态的网店的描述质量进行分析。

1）商品描述质量

对于淘宝速卖通等电子商务平台的 SEO 优化而言，描述质量是指平台中网店的商品描述质量，主要包括网店的商品标题、类目、属性、详情页等商品描述的质量。电子商务平台上的网店在进行商品描述时，务必要做到真实准确，且在真实准确的基础上进行创新和优化，提升质量。作为卖家，必须真实地告诉买家其网店销售的是什么样的商品，是否符合其真实需求，从而帮助其快速做出购买决策。如果因为虚假描述引起纠纷，不仅会严重影响商品排名和店铺信誉，还会受到平台处罚。若要保证商品描述质量，则需要尽力做到以下两点。

（1）商品描述完整准确。商品描述是商家发布商品时需要添加的信息，主要包括商品标题、商品类目、商品属性、商品详情,这些商品描述是买家做出最终购买决策的重要依据,因此必须准确完整。

(2)详情页与主图清晰美观。为了提高买家的购物体验,电子商务平台会倾向于能够提供清晰美观、突出细节、点击率和转化率高的详情页与主图的卖家。同时电子商务平台严格禁止盗用其他卖家的图片,更倾向于个性化,具有独特性的卖家店铺。

2)网页描述质量

对于自建网站而言,只有不断对其在百度、谷歌等搜索引擎内进行 SEO 优化,提高搜索排名,才能获得更多的免费流量。自建网站的描述质量是指网页描述质量,包括标题和详情页内容质量,需要综合考虑内容的可读性和价值性,提供优质内容的网页能在更大程度上满足用户需求,提升用户体验,搜索排名自然更加靠前,若要保证网页描述质量,提升搜索排名,则需要做到以下 4 点。

(1)标题和详情页内容中务必包含关键词,但要适度使用,达到的效果既有利于搜索引擎检索,又具备可读性,以吸引用户。

(2)优质原创内容的不断创造和合理的价值性转载,可以提高网页内容新鲜度、充实性和丰富度,有助于提升用户体验,提高搜索排名。

(3)详情页内容中适度运用小标题,让详情页内容条理清晰,短句子和短段落能为用户提供更好的阅读体验。

(4)详情页内容中段落和句子以简短为好,而在兼顾可读性和价值性的基础上,文章内容篇幅宜长,深度展开的长文也是网页描述质量的大指标。

2．相关性

相关性是指搜索关键词与网店要素之间的相关性匹配程度,用于反映两者以上要素之间的关联性。不同形态网店的相关性所包含的要素不尽相同。对于淘宝、速卖通等电子商务平台的 SEO 优化而言,相关性是指用户搜索关键词与店铺商品所属类目的商品标题和属性之间的相关性匹配程度,主要包括类目相关性、标题相关性和属性相关性。

1)类目相关性

类目相关性是指用户搜索关键词与店铺商品所属类目之间的相关性匹配程度,类目相关性作为搜索基石,其重要性不言而喻。根据电子商务平台搜索引擎排序机制,当搜索引擎获取用户提交的关键词后,会首先判断该关键词属于哪个类目。因此若商家在发布商品时,商品类目选择错误或者不合适,那么即使标题优化等做得再好,也很难获得搜索展现。在用户通过关键词进行搜索时,平台优先展示与该关键词相关性最大的类目的商品,放错类目的商品将不被展示,甚至会被降权。因此店铺在上新过程中,务必要对商品的类目进行慎之又慎的选择。

2)标题相关性

标题相关性是指用户搜索关键词与商品标题之间的匹配程度,匹配程度越高,则相关性越大,将被优先展示。在用户通过关键词进行搜索时,平台会优先展示商品标题中关键词与用户搜索关键词相关性最强的商品。

3）属性相关性

属性相关性是指用户搜索关键词与商家发布商品时选择的属性之间的匹配程度,匹配程度越高,则相关性越强,将被优先展示,若发布商品时属性选错,对于用户而言,将导致用户在搜索该属性关键词时,出现平台反馈的结果与用户实际搜索需求不相符的情况,影响用户购物体验。对于卖家店铺而言,将导致进入店铺商品详情页的流量不精准,对商品转化率、跳失率、销量等指标带来极大的不利影响,进而影响搜索排名。因此商家在发布商品时,应尽可能地填写符合自身商品特征的属性,提升用户搜索关键词与属性之间的相关性,从而提升搜索排名。

3. 服务质量

服务质量是指在电子商务平台中,卖家与买家在交易过程中,卖家所提供的服务能够满足买家需求的程度。用户是一个电子商务平台赖以生存的基础,因此用户的购物体验和利益往往会被平台优先考虑,而卖家服务质量会对用户在平台的购物体验造成直接影响。基于此,各类电子商务平台均倾向于把流量分配给服务质量好的卖家,对平台店铺均设有相应的考核标准,对卖家服务质量进行考核,以规范平台卖家服务水平。

从买家角度看,其利益诉求在于通过平台快速找到自身想要的商品,并且在整个交易过程中获得优质服务,包括售前、售中、售后、物流等服务。买家在选择从哪个店铺购买商品时,不仅是在比较商品的质量和价格,也在观察比较卖家店铺对买家应该承担的责任。

现有主流电子商务平台对卖家服务质量的考核,主要分为店铺 DSR 评分和店铺服务指标。

1）店铺 DSR 评分

店铺 DSR 评分是连续 6 个月内,所有店铺买家就商品与描述相符、卖家服务态度、物流服务质量三项指标,对卖家进行分项评分的算术平均值。每一项店铺评分均为动态指标,起始评分均为 5 分,DSR 评分高的店铺才能健康良性发展,拥有良好的买家体验。店铺 DSR 评分指标的含义如下:①描述相符,反映店铺商品质量是否符合买家需求,主图和详情页是否和实物相符等;②服务态度,反映卖家团队综合服务水平及卖家提供的服务能否让买家满意;③物流服务,反映卖家物流的整体水平,包括发货速度到货时长、客户服务态度、物流人员的服务能力和服务态度等。

店铺 DSR 评分作为衡量店铺服务水平的重要指标,近年来在自然搜索排名中的权重不断提升,店铺 DSR 评分将对店铺及商品带来以下的影响:直接影响商品及店铺的搜索排名造成店铺流量减少,且严重影响转化率,影响各种活动的报名及审核,活动受到限制,无形中降低店铺权重及销量。尤其当店铺 DSR 评分小于 4.4 分时,店铺所有的商品将被搜索降权。

2）店铺服务指标

电子商务平台的店铺服务指标有很多,其核心指标主要有品质退款率、纠纷退款率、退货退款自主完结时长等,这些指标都与店铺商品质量和整体服务有关,会对搜索排名产生极大影响。

(1)品质退款率。品质退款率是指近 30 天内因品质相关退款原因发起的退款笔数与支付指定单数的比例,退款包括售中和售后的退款和退货退款。品质退款是指买家因商品质量问题发起的退款,即买家在发起退款时,选择与商品质量相关的退款的原因,如材质不符、做工瑕疵等。品质退款率高,往往意味着卖家商品质量存在问题,因此卖家需要持续关注店铺的品质退款率,若发现问题,则需及时进行供应商的调整。

（2）纠纷退款率。纠纷退款率是指近30天内判定为卖家责任的纠纷退款笔数与支付指定单数的比例。纠纷退款率高,往往意味着平台介入处理退款的次数多,这在一定程度上意味着店铺的服务能力和服务水平存在问题,尤其是在退款问题的处理上,因此卖家需要持续关注这一指标,及时提升店铺客服妥善处理退款问题的能力。

（3）退货退款自主完结时长。退货退款自主完结时长是指退货退款自主完结,总时长与退货退款自主完结总笔数的比例。退货退款自主完结时长较长,往往意味着店铺在处理售中和售后问题上效率较低,需要卖家店铺及时简化,规范客户处理买家退货退款的流程,督促客服及时跟进品质退款率。

纠纷退款率、退货退款、自主完结时长等店铺服务指标,均会对店铺商品在平台中的综合搜索排名造成影响,需要持续关注调整。

综上所述,可以发现卖家服务质量中,店铺DSR评分和店铺服务指标均对搜索排名存在极大影响。同时当前主流电子商务平台开始倾向于能在咨询物流、售后纠纷全面服务水平均表现优异的店铺。因此在未来店铺运营团队的整体合作中,客服、物流、运营、推广、设计美工的全链路配合显得愈发关键,旨在提升店铺综合服务能力,全方位提升买家购物体验。

4. 权重

权重对搜索排名有着极大影响,权重越高,在搜索引擎所占的比重越大,排名就越靠前,这在一定程度上有助于店铺流量的提升,所以权重的提升对网店具有相当重要的意义。对于电子商务平台而言,影响网店商品详情页搜索排名的权重为商品权重。商品权重既是电子商务平台根据商品表现给出的一个综合评分,也是电子商务平台对商品进行综合排名的关键依据。商品权重主要由商品人气、商品产出和作弊处罚三个方面决定,商品权重越高,说明商品在电子商务平台搜索引擎所占的分量越重,搜索排名自然就会靠前;权重低,则反之。

对于自建网站而言,影响自建网站在搜索引擎排名的权重为网页权重,网页权重是指搜索引擎给网页赋予一定的权威值,对网页权威的评估评价。影响网页权重的因素有很多,但究其核心因素主要包括内容时效性、用户参与度和链接建设。网页权重越高,说明自建网站在百度、谷歌等搜索引擎所占的分量越重,搜索排名就会越靠前;权重低,则反之。

任务二　信息流推广

一、信息流推广认知

（一）信息流推广概述

信息流推广是在社交媒体用户好友动态或者资讯媒体和视听媒体内容流中的广告,

如图 3-3 所示,2006 年由 Facebook 首先推出。这种穿插在内容流中的广告,对用户来说,体验相对较好;对广告主来说,可以利用用户的标签进行精准投放,因此特别是在移动互联网时代到来后迎来了爆炸式的增长,几乎所有的互联网媒体都推出了信息流广告平台。

(a) 信息流大图　　　　　　(b) 信息流组图　　　　　　(c) 信息流小图

图 3-3　信息流广告

信息流广告有以下三个主要特点。

(1) 算法推荐:通过大数据描绘多维度用户画像,通过人群标签,精准定向理想受众,把合适的信息在合适的场景推送给合适的人。

(2) 原生体验广告:与内容融合在一起,用户操作和阅读时无强行植入,实现商业和用户体验的良好平衡。

(3) 互动性强:用户可以参与互动,根据平台的特性,可以自发进行广告的多维传播,持续影响潜在受众。

信息流广告是指通过信息流渠道把信息流广告精准推荐给用户的过程,推广过程是在合适的时间和合适的场景,把合适的广告推荐给合适的人群,这就需要推广账户对推广过程进行管理。

(二)信息流推广账户

信息流推广账户用于管理信息流广告投放,搭建清晰合理的账户,有助于进行信息流推广管理,为后续的账户优化建立良好的秩序基础,有利于细化投放策略,提升投放效果,有利于数据统计与分析,可清晰地对比测试结果。在搭建账户之前,首先要考虑整体账户结构规划,确定信息流广告投放的目标,在信息流推广中,对于账户搭建规则没有明确的要求,只要做到分类清晰,实现不同的人看到对应的广告信息,最大概率获取转化,最终利于统计推广效果数据即可。

大部分信息流平台的结构分为 4 个层级：账户、推广计划、推广组、创意。

推广计划通过设定流量类型、推广对象、预算时段等搭建营销场景；推广组是管理创意的单位，通过定向方式筛选推广受众常见的定向方式，包括基本信息定向、用户意图定向、用户环境定向和 App 行为定向等；创意是用户在信息流中看到的广告图片或者标题。

一般来讲，每个账户可以添加若干推广计划。一个合理的账户结构需要添加两个以上推广计划，每个推广计划可以有三个以上推广组。每个推广组会添加三条以上的创意。

（三）信息流推广人群定向

信息流广告的核心是个性化推荐，而个性化推荐的前提是人群定向，人群定向是指根据用户的属性、用户偏好、生活习惯、用户行为、兴趣爱好等信息而抽象出来的标签化用户模型，通俗地说就是给用户打标签，而标签是通过对用户信息分析而来的高度精练的特征标识，通过打标签可以利用一些高度概括、容易理解的特征描述用户，可以让人更容易理解用户，并且方便计算机处理。

人群定向是搭建账户的基础，定向方式可以分为以下三类。

1. 基础定向

基础定向是根据人群的性别、年龄、地域等基础信息进行定向的过程。基础定向有以下两个维度：一是核心基础定向，核心基础定向的两个必要因素是场景和职业，通过用户对于商品的使用场景和职业确定用户的收入能力等信息，并以此确定投放方向；二是辅助基础定向，在场景和职业的基础上，通过地区、设备、时段等关键点，最大限度地保证投放的精准性。

基础定向是比较宽泛的判定依据，主要针对潜在人群，适合刚需类产品、品牌曝光等基础设定。

2. 行为定向

行为定向是通过数据分析，对用户的行为进行分类筛选的过程。行为定向主要有以下三种方式：①搜索定向，基于用户搜索的关键词，通过意图标签进行定向，抓取更加精准的访客，搜索定向是最精准的流量；②互动定向，基于用户的社交行为，通过互动点赞、转发、评论等方式进行定向，互动定向的流量比搜索定向更加宽泛；③回头定向，基于用户浏览行为，通过购买、浏览相关页面或公众号等方式进行定向，行为定向锁定的人群大多为目标人群，较适合 IP 包装、内容传播等。

3. 兴趣定向

兴趣定向是基于用户兴趣标签而进行的更进一步定向，它是信息流投放过程中最重要、也是最具信息流特点的方式，根据平台对访客的不同标签，汇集成不同的兴趣爱好，作为信息流推广选择人群的重要手段，兴趣定向一般分为核心兴趣和人群兴趣两种。

（1）核心兴趣：针对后台兴趣分类，可以找到最符合自身行业的相同分类，一般核心兴趣是人们在选择兴趣中必选的一项。

（2）人群兴趣：根据人群画像的不同，按照不同的受众，网店可选择与访客适配的多种相关兴趣。

在人群定向中，基础定向偏向广泛人群，兴趣定向偏向目标人群，而行为定向更偏精准效果。所以在以信息流推广效果为主的情况下，一般都是对基础＋兴趣、基础＋行为等多种交叉定向组合进行测试。

（四）信息流推广竞价机制

1．触发机制

触发机制是指广告被用户看到并点击的逻辑。系统通过各种定向方式引发用户点击广告，具体过程可以分解为以下六个流程。

（1）用户访问媒体平台浏览信息。

（2）媒体平台收集用户兴趣等信息，并将其发送给广告交易平台。

（3）广告交易平台向多家需求方平台发送竞价请求组织竞价。

（4）需求方平台发送竞价响应给广告交易平台。

（5）广告交易平台开展竞拍。

（6）媒体平台将赢得竞拍的广告展现给用户。

2．排名机制

实时竞价排名机制是广告展示的预估收益（effective cost per mile，ECPM），即每1000次展示可以获得的广告收入。ECPM值越高，排名越靠前。用户每次刷新页面后，排名顺序会刷新排名。ECPM等于出价乘以预估点击率。各个平台对预估点击率的定义基本相同，即根据推广设置的内容评测出创意的质量分，但具体算法规则各个平台间略有差异。

出价方式是影响ECPM值的一个因素，出价方式主要包括以下七种。

CPM：千人展示成本及广告被展示1000次所需要的费用。

CPC：单次点击成本及广告被点击一次所需要的费用。普通竞价CPC是最常规的点击竞价方式，可以简单理解为出价越高，广告位置越靠前，获得的优质广告资源越多。

CPA：单次行为成本按转化量付费。

CPV：有效播放成本，播放达到一定时间开始计费。

CPT：按时长付费。

OCPM：即优化千次展现出价，本质还是按照CPM付费。采用更精准的点击率和转化率预估机制，将广告展现给最容易产生转化的用户，在获取流量的同时，提高转化率、降低转化成本，跑量提速更快。

OCPC：目标转化成本，是经过优化的CPC，仍按点击量付费，采用更科学的转化率预估机制，在帮助企业获取更多优质流量的同时，提高转化率。

需要注意的是，设置不同的出价方式，对应的ECPM的计算方式也存在差异。如果创意的质量没有问题，但出价方式或出价金额不合理，也会降低创意的展现量，提高转化成本。

二、信息流推广账户搭建

(一)信息流账户

在信息流推广中,对于账户搭建规则没有明确的要求,只要做到分类清晰,实现不同的人看到对应的广告信息并最大概率获取转化,最终利于统计推广效果数据即可。信息流账户结构一般分为4个层级,账户—推广计划—推广组—创意,具体搭建过程如下。

1. 创建基础结构

在推广计划级别,从信息流媒体选择、产品目标受众角度设置推广目的、预算方式和预算金额。

在推广组级别,从定向方式、创意配图形式角度设置地域、兴趣、性别、年龄等广告受众的属性,设置广告预算和出价。

在创意级别,从细分卖点角度向平台用户展现推广内容,包括文字标题、图片或者视频素材,这些都是影响转化率的关键因素。

2. 推广计划搭建思路

推广计划可以按照产品类别、推广目的、定向人群、创意素材、活动等思路搭建。

(1)按照产品类别进行搭建。企业会在同一时期推广不同类别的产品,因此按照产品类别划分推广组更合理,即最少一类产品建立一个推广组,更能做精准营销。在实际推广中,企业一般会把产品划分规则和其他规则合并进行推广组搭建。

(2)按照推广目的进行划分。以今日头条为例,推广目的包括落地页、App应用等。落地页:即点击广告进入某落地页,如果企业的营销诉求是表单提交、在线咨询、电话拨打或在线成交量等,那么可以选择落地页为推广目的;App应用指点击广告进入应用商店的下载地址。一般针对有应用下载需求的广告组,以此提升App应用的下载量、安装量,激活量等数据指标。

(3)按照定向人群进行划分,常规企业一般会做目标人群和兴趣人群的定位,预期在短时间内可获取推广效果,按定向人群划分推广计划。

(4)按照创意素材进行划分,按照投放策略中的设计素材要求,在常规推广过程中,不同尺寸的图片素材将展现不同的推广效果,图片素材主要包括大图、主图和小图,因此可以按照创意素材进行推广计划的划分。

(5)按照活动划分,结合"双11""618"等各类线上营销活动,企业将设计活动的广告语和配图,因此推广计划还可以按照各类营销活动进行划分,同时需要注意,由于各类营销活动具有时效性,此类推广计划不便于常年推广,涉及该推广计划一定要设置投放时间。一般情况下,大型活动需要提前一个月时间预热,线上推广;小型活动提前半个月预热,线上推广。

3. 推广组搭建思路

推广组层级基础搭建思路是对人群进行细分,从而做到千人千面的精准营销。其具体搭建目的是使不同属性的人群看不同类型的广告内容,从而在推广数据中定位问题,不断优化效果。如果预算充足或前期用户画像定位不清晰,那么建议人群定向设置可以宽泛一些,后期通过数据对比,再逐渐精细化人群,建议一个推广组层级,只放置一种尺寸的创意素材,即使不同广告位置对素材要求高,也尽可能分不同广告位进行投放。

(二)信息流人群定向设置

信息流人群定向设置,在广告推广组中对用户进行定向设置,即设置具有哪些特定标签的人,可能会看到信息流广告。在具体的信息流广告投放平台受众定向设置中,可以按照地理位置定向、人口属性定向、兴趣定向和行为定向等策略分别进行设置。

1. 地理位置定向设置

通过简单的设置,便能投放出千人千面的创意,可大大提升效率,尤其推荐电商、金融、游戏、社交教育、商务服务、生活服务等行业客户使用,结合受众定向策略中的地理位置定向进行投放设置。

目前信息流广告投放平台,地域定向是将用户当前的 GPS、IP、历史城市、服务器地址等因素进行加权而得出的,这样的定位方式比单纯的 IP 定位更加精准。

在信息流广告投放平台中,地域设置大致分为 4 类,即不限、按省市、按区县和按商圈。其中,按区县支持在三级地域行政区投放,使投放更加精细化,适合推广产品有极大地域限制的企业,按商圈是指把全国大部分一二线城市按照商圈进行划分,这种方式非常适合本地服务类企业,因为这类企业的潜在用户对商家地域有强烈的需求。

2. 人口属性定向

结合受众定向策略中人口属性定向,进行对性别定向、年龄定向的设置。

(1)性别定向设置。通过用户的使用行为及阅读文章的属性,判断用户的性别。在平台的设置中主要包括不限、男、女这三类,在具体操作中对性别一般不进行限制,除非产品的消费者完全偏向某一类性别的人群。

(2)年龄定向设置。目前平台可以通过用户的使用行为及阅读文章的属性,判断出用户的年龄,按照年龄段属性进行划分。在确定年龄定向之前,企业需要了解消费者、影响决策者和产品使用者的区别。在实际工作中,企业将根据产品和推广目的合理设置年龄定向,同时为方便精细化推广计划层级,通过定向不同年龄段的人群,使他们观看不同内容的广告。

3. 兴趣定向设置

按照兴趣定向策略进行设置。信息流广告投放平台确定了不限、系统推荐和自定义三种类型,其中,系统推荐是根据推广计划目前的设置,主动找到最匹配的人群,帮助企业以更低的成本达到更好的投放效果。这里所选的人群会根据实时投放效果随时进行调整,并逐步放开兴趣定向的范围,兼顾投放量和转化成本,相当于投放平台自动帮网店进行推广优化。虽然现在平台的数据量和技术已经比较成熟,但许多企业目前还是自己自定义兴趣,平台已经统计了受众在不同文章分类下的打开率、阅读时间及点赞、评论等数据并加以有效分析。如果设置了多个兴趣点,那么它们之间是"或"的关系,即选择的兴趣点越多,覆盖的人群数量就越多。广告主要结合产品的特性,通过兴趣分类,向与自身产品相关内容感兴趣的用户实现精准投放。

4．行为定向设置

部分信息流广告投放平台中，行为定向设置分为新用户定向设置、App 行为定向设置。

（1）新用户定向设置。新用户定向设置是根据新用户安装投放平台 App 后，首次打开应用的时间进行定向的，对于大部分行业来说，该定向一般不做筛选。

（2）App 行为定向设置，App 行为定向设置是根据用户群体的特征去分析这些用户会使用哪些类型的 App，其是在 App 分类里进行筛选，从而圈定用户群体。这里的 App 行为也涉及逆向思维，即根据推广的产品反向思考安装过哪类 App 的人群是最有机会的潜在客户。

三、 信息流推广策略

（一）信息流目标分析

在制订投放策略之前，需要对营销目标进行拆解，掌握投放信息流的渠道和竞争环境，对所在的行业、产品、目标、人群、财务和运营状况进行深入挖掘。主要分为以下三个方面。

1．分析渠道

目前市场上可选择的信息流渠道越来越多，比如今日头条、抖音、百度信息流、腾讯信息流、微博、知乎等。网店需要全面了解各大信息流渠道的特性，筛选出符合自己产品投放的渠道。

2．分析产品

投放策略的制订离不开对商品的分析，网店需要明确商品特点、商品运营手段和流程以及与相对竞品的优劣势等。深入分析商品可以帮助网店更好地理解商品定位。提炼商品卖点和应用场景。主要包括以下两点：①自身商品分析，明确商品定位，理解商品属性和特点、商品功能、应用场景等；②竞品分析，了解竞品的基本情况以及竞品投放情况。竞品分析的主要维度有行业及市场、商业模式、商品策略和商品架构四个维度。竞品投放基本情况包括投放渠道、消耗量及考核目标、优化效果、能否得到 KPI 等。

3．分析人群

在分析信息流推广的人群时，必须要关注企业的战略目标，它包括两个方面的内容。一方面是寻找企业品牌需要特别针对的，具有共同需求和偏好的消费人群；另一方面是寻找能帮助企业获得期望达到的销售收入和利益的人群。通过数据分析，准确勾勒出目标客户的画像，为制订具体的人群定向策略提供数据依据和参考。通过分析用户的性别、年龄、分布、兴趣爱好、职业、地域、分布时段、设备、教育水平等因素，可以将所有的消费者进行初步细分。筛选掉因经济能力、地域限制、消费习惯等原因不可能为企业创造销售收入的消费者，保留可能产生购买行为的消费群体，并对可能产生购买行为的消费群体进行某一维度的分解，分解的标准既可以依据年龄层次，也可以依据购买力水平，还可以依据有据可循的消费习惯。①人群分类，通常可先根据职业将人群分类，然后针对每一类人群进行分析；②需求分析，明确了人群分类后，下一步便是针对每类人群进行需求分析。投放、定向受众、定向创意撰写、落地页设计等都需要根据目标人群的需求去制订。因此,只有前期做好人群分析,后期才能取得良好的推广效果。

(二)信息流推广投放策略

信息流投放定向是为了高效地达成对投放成本和量级进行控制的目标,因此企业制订的投放策略应该是贯穿整个投放周期的综合性的投放方案的集合。其中包含了投放的各个维度的具体方案和措施。

1. 核心用户

精准的定向投放能够降低成本、提高转化率。在制订投放策略时,首先要找到核心用户,网店可以用较低的价格将信息流广告不定向投放给所有用户。投放结束后,通过报表分析找到产生点击的核心用户,通过几次的投放数据对比找到投放的核心用户。

2. 投放成本

信息流广告主要有原生信息流、开屏广告、文章详情页三种形式。广告投放计费方式主要有 CPC、CPM、CPC 三种,网店在广告投放后台可以根据需要自行选择。如果网店关注的是广告的效果,即希望浏览落地页、下载、购买、填表等用户行为,可以选择按点击付费,这样网店就只需为被点击过广告的用户付费,对未被点击的网店广告则无须付费。广告的点击成本相比搜索引擎竞价以及传统的资讯信息流广告的点击价格而言,便宜很多,这可以帮助网店节省广告成本。点击付费的优势在于网店支付的广告费用都会产生效果,不会造成广告费用的浪费。

如果有充足的预算,需要做品牌曝光和推广,可以以一个固定的价格买断一段时间的广告位展示,就可以选择按时长进行收费。在实际操作中,网店需要根据实际推广需求进行出价的调整。

3. 核心主题

网店需要设计几套主题风格,将其投放给相同的用户,使用相同的出价,查看线上的效果,点击率较高的主题可初步判定为用户较感兴趣的主题素材。通过多次测试,可以便捷地找到核心人群喜爱的素材。

在整个投放过程中,网店需要综合考虑品牌、活动、渠道、产品等因素,针对不同的人群、不同的渠道,设计不同的素材,让信息流、广告能够在对的时间,以对的形式出现在对的人群面前,这样才能有机会完成转化。通常我们可以通过加入地域通配符、提炼素材和文案以及善用多图样式创意的方式,来提高信息流广告投放的效果。

(三)信息流推广人群定向策略

在信息流主动推送机制下,要获取较高的转化率,显然要比关键词竞争难度高一些。关键词竞争可以被动地根据客户选择的关键词组成相应的词库,只要能搜索到客户需要的价值信息,允许一定的顺序时滞和误差。而相较之下,信息流主动推送机制则是在用户意图不明的情况下主动推送的,所以在时间及精度等要求上更高。如果想实现精准推广,就需要网店为商品描绘清晰的用户画像。这样一方面可以帮助网店进行定向推广,另一方面可以更有针对性地优化账户。通过对用户调研行为特征分析,网店基本上可以构建出一个完整的用户画像。当用户画像清晰后,网店需要对用户细化分类,可以通过区域、时间、性别等多个角度确定不同的受众定向,以便更有针对性地制订推广策略。通常的定价策略有以下八种。

1. 时间定向

时间定向能够让企业根据消费者、行为、营业时间甚至季节性活动或特殊事件进行信息流广告投放。

2. 重定向

重定向是指根据用户的历史行为,将曾在商家产生过浏览、收藏、购买等行为的用户,作为商家的精准定向人群,对其进行信息流广告推送,拉回用户完成转化。

3. 地理位置定向

地理位置定向是指根据用户实时地理位置进行定向,有助于帮助商家触达那些正在前往商家所在区域的消费者,包括距离定向、商圈定向等。在移动设备上投放信息流广告时,这种定向方式有着非常重要的作用。

4. 人口属性定向

人口属性标签包括性别、年龄、收入水平、婚姻状况、是否有车、是否有子女等。通过人口属性标签可以将信息流广告推送给相关消费者。商家在销售之前,需要明确具有哪些标签的人群是潜在的消费者。

5. 行为定向

行为定向是从用户的行为数据中挖掘用户的兴趣偏好,从而推送相应的信息流广告。行为定向数据包括频道、商家详情页、团单详情页的浏览和点击、用户评论和打分等。从行为定向数据中,可以进一步挖掘客户的兴趣偏好,按照时间长短一般可以分为长期、短期和实时偏好。当挖掘用户长期、短期偏好时,使用的是一段时间内的行为,需要对不同时间的行为计算不同的权重,而实时兴趣偏好是动态变化的。

6. 频道偏好

频道定向是完全按照供应方的内容分类体系,将库存按照频道划分,对各频道的流量投送不同的广告。这种定向方式比较适用于那些离转化需求比较近的垂直类媒体,对于内容覆盖面比较宽的媒体,这种方式取得的效果是有限的。

7. 新客定向

这种定向的核心是 look-alike 算法(相似人群的扩展),以信息流广告主的老顾客作为种子信息,结合信息流广告平台的大数据,老顾客具有某种特征或规律,为信息流广告主找到具有相同特征或规律的潜在顾客。这种方式可在保证精准定向效果的同时扩大用户覆盖面。

8. 兴趣定向

兴趣定向是基于用户历史、兴趣图谱,选择兴趣范围进行信息流推广。这类定向方式非常适用于信息流,在网民行为碎片化的互联网时代,聚合受众成了影响目标受众十分关键的因素。兴趣定向的核心思想就是将数量庞大的网民聚合成了一个个清晰的受众画像,具体落实到信息流推广中,就是通过选择目标受众的兴趣点、爱好实现投放。

（四）信息流推广资源位策略

资源位是平台为网店提供的应用中心以及应用内页的非竞价推广的位置,用户的行为指导了资源位的定向策略和职能,定位资源为了转化数据,又展现了用户的偏好。信息流推广资源策略包括交互样式策略和组合溢价策略。交互样式策略是根据用户路径行为对资源位进行定向,分析出资源位的交互样式和运营策略。溢价就是在原本出价的基础上提高出价,是针对具体的人群进行的。组合溢价策略就是用溢价的方式来竞争相应的资源位,溢价越高,商品在这个资源位的排名就越高。

（五）信息流推广创意策略

1. 回归创意

创意的本质就是用意想不到的方式解决问题。创意越强,作用就越大。消费者最关心、关注那些能直观感受到的东西,商品、服务或一次营销事件,是否能为他们解决问题。

2. 深挖卖点

撰写信息流文案时,如果想要让别人信服你写的东西,就应该先让自己信服,这就要求推广创意人员对商品或服务的卖点进行深度剖析。对商品的足够了解是创意有效输出的前提,对商品进行全面的分析,掌握其特点及卖点是文案输出创意的基本要求。

3. 基础创意

（1）巧用关键词撰写创意可以使创意更能契合目标消费者的搜索需求,能有效激发目标消费者的关注和兴趣。

（2）贴近目标消费者生活习惯的原生创意,消费者潜意识里是不会排斥的,这就为目标消费者的有效转化奠定了基础,增加了创意的展现量和点击量,提升了目标消费群体的购买概率。

（3）创意尽可能包含价格和促销信息。消费者从创意中了解到的商品关键信息,能够提升消费者购买的可能性。经过调研发现,商品价格和促销信息更容易吸引消费者的关注,尤其是以数字形式出现的优惠幅度。

（4）创意撰写时使用富有号召性的词汇,号召性词汇很容易抓住网民的眼球,并激发他们采取行动,包括申请、注册、咨询等带有行动色彩的词语；"立即""马上""现在"等营造紧迫感的时间副词。

（5）尝试用不同句式撰写创意。不同的句式带来的效果是不一样的,不建议使用一成不变的句式,网店需要根据推广实际情况进行灵活的调整。

4. 优秀创意表达

同一个意思的创意,有的让人觉得枯燥乏味,有的却引人入胜,区别就在于表达方式的不同。文案创意也是如此,网店需要使用一些创作方法及技巧完成创意,搭配商品卖点刺激用户的痛点,使得用户在看到创意的一瞬间便产生"确定了眼神,你是对的人"的从心底油然而生的了解欲望甚至购买欲望。优秀的创意撰写思路可以总结为：优秀创意＋产品卖点＋创意技巧、方法,挖掘商品卖点已经陈述过,不再赘述。关于创意技巧、方法可以总结为以下三种：①价格优势＋品牌保障,创意中突出价格和品牌优势；②高端服务＋动态词包,创意中突出服务优势,合理地运用动态词包,动态词包为动态创意的一种形式,将创意标题中的一个词包根据用户特征替换为不同的词,从而提高创意相关性,提高广告转化率；③主营业务＋制造悬念,撰写优秀创意文案,可以采用突出主营业务给消费者制造悬念的创意技巧,吸引目标人群进行点击。

 思政小课堂

诚 实 守 信

言必诚信,行必忠正。

——孔子

诚实,就是忠于事物的本来面貌,不说谎,不作假,不为不可告人的目的而欺瞒别人。守信,就是讲信用,讲信誉,信守承诺,忠实于自己承担的义务,忠诚地履行自己承担的义务是每一个现代公民应有的职业品质。对人以诚信,人不欺我；对事以诚信,事无不成。

"诚实守信"是社会健康发展的重要保障、建立市场经济秩序的基石、一切职业道德的"立足点"。诚实守信的人更容易获得他人的信任和尊重,不仅有助于个人自我发展,也有助于社会的繁荣和稳定。

在搜索引擎推广时,首先要认真分析潜在用户及其搜索行为数据,以此为基础,通过网站建设、关键词优化、网页分析、链接建设、社交媒体等来推广引流。发布信息要真实准确,信守承诺,推广过程要合规合法,通过技术和应用创新引来更多真实、有效的优质访问,以诚信吸引和留住忠诚客户。

 项目实训

一、理论知识实训

（一）单项选择题

1. SEO 是（　　　）。

A. 免费推广　　　　B. 付费推广　　　　C. 混合推广　　　　D. 以上都不是

2. 千人展示成本及广告被展示 1 000 次所需要的费用是（　　　）。

A. ECPM　　　　B. PPC　　　　C. CPM　　　　D. CPC

3. 每 1 000 次展示可以获得的广告收入是指（　　　）。

A. ECPM　　　　B. PPC　　　　C. CPM　　　　D. CPC

4. 单次点击成本及广告被点击一次所需要的费用（　　　）。

A. ECPM　　　　B. PPC　　　　C. CPM　　　　D. CPC

（二）多项选择题

1. SEM 的方法包括（　　　）。

A. 竞价排名　　　　B. SEO　　　　C. 精准广告　　　　D. 付费收录

2. 信息流人群定向设置包括（　　　）。

A. 地理位置定向　　B. 人口属性　　　　C. 兴趣定向　　　　D. 行为定向

3. 信息流推广目标分析从（　　）方面展开。

    A. 分析位置　　　　　B. 渠道分析　　　　　C. 分析产品　　　　　D. 分析人群

4. 人群定向是搭建账户的基础,定向方式可以分为三类（　　）。

    A. 基础定向　　　　　B. 行为定向　　　　　C. 兴趣定向　　　　　D. 位置定向

二、综合能力实训

在你手机的"微信朋友圈""微信公众号""今日头条""微博""百度""腾讯新闻"等平台,打出信息流广告,截图并分析投放目的(应用下载、线索收集、门店推广、商品交易)。

微 博 营 销

学习目标

知识目标：了解微博营销的概念和分类；掌握微博账号的搭建和日常运营；掌握微博数据分析的步骤和方法。

能力目标：能够开通并装修企业官方微博；能够独立运营企业官方微博；能够熟练使用微博平台工具开展营销。

素质目标：具有学习能力，官方微博运营能力；具有创新能力，能够综合运用所学知识完成任务。

思政目标：践行社会主义核心价值观，创作积极向上的作品；具备团队合作精神。

知识思维导图

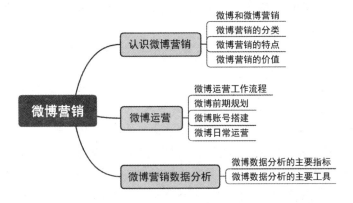

引导案例

苏宁"六一宝宝节"微博营销

2021年"618"大促之际，如何在这场扎堆的电商大战中突围，是个大挑战，苏宁易购携手微博，前置化共创电商新IP，以"电商直播＋热点炒作"新玩法，提前拦截"618"信息，打造错峰差异化大促营销，实现电商突围(图4-1)。

5月24日，苏宁上线广告片，首次官宣苏宁"六一宝宝节"，迅速吸引了"空窗期"消费者的注意。微博指数显示，在之后的24小时里，"苏宁"和"六一"两个关键词热度分别暴涨 307％和 225％。

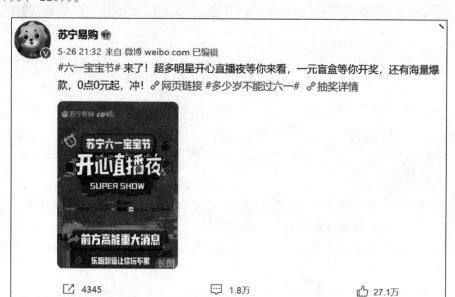

图 4-1　苏宁"六一宝宝节"微博营销

随着新时代消费者日益成熟,他们越发能够"屏蔽"营销影响,遵从自己的真实需求进行消费,因此,单纯的造势营销效果变得不再稳定;而成本上,圈层化和个性化的进一步发展,使得精准营销难度逐渐提升,品牌和平台开始陷入覆盖度和触达深度的两难选择。

面对这样的困局,苏宁推出"六一宝宝节"所遵循的创新营销思路,可以被称为"共情营销"。

如果说精准营销是从用户的兴趣入手,吸引关注的话,那么,共情营销的本质就是从用户的痛点出发,创造共鸣。用户的兴趣千姿百态,但是痛点千篇一律,所以,比起势能营销,共情营销能够更广泛地突破圈层,获得消费者发自内心的认可。

共情消费的营销模式能通过自发式传播等方式,低成本影响更多用户。但同时,消费者也没有明确的消费指向,因此,苏宁易购为"六一宝宝节"选择的需求承载模式是以明星直播间为核心的直播矩阵,也就是 5 月 31 日晚至 6 月 1 日凌晨,百位明星天团加盟的"百大明星童心直播夜"。在百大明星童心直播夜,消费者可以在不同主题、不同领域的直播间中来回切换,回味童年,碰撞需求,赶上首轮预售的最后一班车,并在 6 月 1 日 0 点拼手速抢购。

总体而言,苏宁易购的"六一宝宝节"不仅是为"618"打前站,同时也是近几年来,"试验"性质最为浓厚的消费节,在这次消费节中,苏宁首次构建了全新的共情消费链条,具体效果还有待检验,但是可以预见,其经验将会被"618"借用。

（资料来源：https://www.sohu.com/a/469339827_404443.[2023-10-9].）

思考: 什么是共情营销?苏宁易购是如何利用微博等工具进行共情营销的?

任务一 认识微博营销

一、微博和微博营销

(一) 微博的概念

微博是博客的一种,指基于用户关系的信息分享、传播以及获取的社交媒体网络平台,主要通过关注机制分享简短的实时信息。它允许用户通过 Web、Wap、Mail、App、IM、SMS 等组建个人社区,通过 PC、手机等多种移动终端接入,以文字、图片、视频等多媒体形式,实现信息的即时分享、传播互动。

如若没有特别说明,本书的微博营销指新浪微博营销。

(二) 微博的发展

2006 年 3 月,由杰克·多西(Jack Dorsey)与合伙人创办了 Twitter(推特)。Twitter 被形容为"互联网的短信服务",是最早也是最著名的微博,可以让用户更新不超过 140 个字符的消息(除中文、日文和韩语外已提高上限至 280 个字符)。截至 2020 年第三季度,Twitter 的可货币化日活跃用户达 1.87 亿。

2007 年 5 月,从校内网起家的王兴创建了中国第一家带有微博色彩的社交网络饭否网,而腾讯作为一个拥有 4.1 亿 QQ 用户的企业,看到用户对随时随地发布自己状态的强烈需求后,2007 年 8 月 13 日,腾讯上线滔滔。

2009 年 8 月,中国门户网站新浪推出"新浪微博"内测版,成为门户网站中第一家提供微博服务的门户网站,微博正式进入中文上网主流人群视野。随着微博在网民中的日益火热,在微博中诞生的各种网络热词也迅速走红网络,微博效应正在逐渐形成。

2010 年国内微博如雨后春笋般崛起。四大门户网站均开设了微博。根据相关公开数据,截至 2010 年 1 月,该产品在全球已经拥有 7 500 万注册用户。

2012 年 1 月,据中国互联网络信息中心(CNNIC)报告显示,截至 2011 年 12 月底,我国微博用户数达到 2.5 亿,较上一年底增长了 296.0%,网民使用率为 48.7%。微博快速崛起,成为网民重要的信息获取渠道。

中国互联网络信息中心(CNNIC)在京发布第 33 次《中国互联网络发展状况统计报告》显示,2013 年微博、社交网站及论坛等互联网应用使用率均有所下降,微博用户规模较 2012 年年底减少 2 783 万,微博使用率比上年降低 9.2%,而整体即时通信用户规模在移动端的推动下提升至 5.32 亿。

2014 年 3 月,新浪微博正式更名为微博。同年 4 月 17 日晚 9 点半,新浪微博正式登陆纳斯达克。

2014 年 7 月 23 日,腾讯正式宣布将腾讯网与腾讯微博团队进行整合,退出微博。2014 年 11 月 5 日,网易微博宣布即将关闭。而搜狐微博方面,2010 年,搜狐董事局主席兼 CEO 张朝阳声称要超越新浪微博,但在市场上几乎没有声音。

2015 年 1 月,微博开放微博 140 字的发布限制,少于 2 000 字都可以,1 月 28 日对微博会员开放试用权限,2 月 28 日正式对微博全量用户开放。

2017 年 5 月 16 日,微博 2017 年第一季度财报显示,微博一季度月活跃用户增长了 2 700 万至 3.4 亿,超过同季度 Twitter 的水平。

2020 年 12 月 24 日,新浪宣布,在当天举办的特别股东大会上,公司股东投票通过了 9 月 28 日签署的私有化合并协议,从美国退市。

 **知识链接**

Twitter

Twitter(汉语常称为推特),它是美国一个社交网络及微博客服务网站。它是微博客的典型应用。可以让用户写不超过 140 个字符的"推文"。Twitter 是一个十分受欢迎的社交网络及微博客服务的网站,允许用户将自己的近期动态和想法以移动电话中的短信息形式(推文)发布。

Twitter 影响着许许多多人的生活,小到柴米油盐,大到国际政治都能在上面发现,每个人都在发表自己的看法和观点,使得它像是一份"报纸",而人们都可以成为报纸的编辑者,也正因如此,在使用时,我们更应注重自己的素养,使它能真正成为新型社区的增强器。我们要在网络生活中更合理地使用 Twitter,无论是分享信息还是简单地添加话题标签,使自己不断成长,能推出更多更有价值的信息,让自己有价值的东西能得到更多的推广。

(资料来源:https://www.jianshu.com/p/388b175ddb51.[2023-10-9].)

(三)微博的功能

1. 关注、私信功能

用户可以对自己喜欢的用户进行关注,成为这个用户的关注者(即"粉丝")。用户可以点击私信,给新浪微博上任意的一个开放了私信端口的用户发送私信,这条私信将只被对方看到,实现了私密的交流。

2. @、♯功能

@代表 at,意思是"对某人说"或者"需要引起某人的注意"。格式通常是"@+微博用户昵称(即 ID)+空格或标点"。这个整体格式可以插入到整条微博的任何位置。

由两个♯框起来的文字,就是"话题",是搜索微博时用的关键字,也可以说是你给某条微博贴的一个标签。格式通常是"♯+关键字+♯"。

例如:♯超级月亮♯几号出现?

3. V 功能

V 是出现在微博用户昵称右侧的字体,它代表了一种特殊身份,是通过新浪身份认证后被授予的。

大 V 是指在微博上十分活跃,又有着大群粉丝的"公众人物"。

颜色不同的 V 代表不同的新浪微博认证,主要有蓝色、黄色。

蓝色:包括政府认证、企业认证、机构团体、媒体认证、网站认证。

黄色:包括身份认证、兴趣认证等。

(四)微博营销的内涵

微博营销是指商家或个人通过微博平台发现并满足用户各类需求的商业行为方式,包括品牌推广、活动策划、形象包装、产品宣传等。

微博营销以微博作为营销平台,每一个听众(粉丝)都是其潜在的营销对象,企业每天更新内容,跟大家交流互动,或者发布大家感兴趣的话题,利用更新自己的微博向网友传播企业信息、产品信息,树立良好的企业形象和产品形象,从而达到营销的目的。

二、 微博营销的分类

微博营销可以分为个人微博营销、企业微博营销、政务微博营销和组织机构微博营销。

(一)个人微博营销

个人微博营销是基于个人本身的知名度,通过发布有价值的信息吸引关注和粉丝,扩大个人的影响,从而达到营销效果。其中,部分企业高管、名人的个人微博通常还会配合企业或团队微博形成影响链条,扩大企业和品牌的影响力。如小米公司雷军的微博,如图 4-2 所示。

图 4-2　雷军微博

（二）企业微博营销

企业微博一般以营利为目的，企业的微博运营人员或团队会通过微博增加企业的知名度，为最终的产品销售服务。

例如海尔官微，发布了 14 920 条微博，吸引了 151 万的粉丝，如图 4-3 所示。

图 4-3　海尔官方微博

（三）政务微博营销

政务微博是指政府部门为工作之便开设的微博，是汇聚民声、表达民意的平台，不具有营利目的，只是政务机关利用微博随时随地发布信息而不受媒体出版时间约束的一种有效发布信息的渠道。

例如广东省高级人民法院的微博，如图 4-4 所示。

图 4-4　广东省高级人民法院官方微博

（四）组织机构微博

学校、机构、组织开设的官方微博，用于传播信息、促进沟通，在教育教学、危机公关等方面发挥着重要作用。

例如清华大学的官方微博，如图 4-5 所示。

图 4-5　清华大学官方微博

三、微博营销的特点

第一是低成本。发布门槛低，与传统的大众媒体（报纸、流媒体、电视等）相比受众同样广泛，前期一次投入，后期维护成本低廉。

第二是广泛性。微博信息支持各种平台，包括手机、计算机与其他传统媒体。同时传播的方式有多样性，转发非常方便。利用名人效应能够使事件的传播量呈几何级放大。

第三是高速度。这是微博的显著特征之一。一条微博在触发微博引爆点后，利用粉丝关注形式进行病毒式传播，短时间内互动性转发就可以抵达微博世界的每一个角落，达到短时间内最多的目击人数。

第四是互动性。能与粉丝即时沟通，及时获得用户反馈。

四、微博营销的价值

（一）品牌传播

微博具有软传播、实时性、参与性和互动性等特点，特别适合企业和个人进行品牌宣传。在微博中，企业与消费者进行的是面对面的沟通，倾听往往大于宣讲，进行碎片化渗透，先说服小众，再由小众逐步影响大众。基于微博的实时性，把当前发生的、直接来自于消费者参与的，以及那些能够体现企业品牌理念的最真实的发生在企业和消费者间的故事,在最短的时间内通过微博传播,这样的传播能更好引起消费者的共鸣(很多共鸣一样具有时效性),并引发消费者评论和互动,引发信息病毒式传播,提升品牌影响力。

(二)客户关系管理

企业通过微博开发新客户、维护和服务老客户。通过与目标客户进行一对一沟通、交流、反馈,不断地将企业的产品与服务信息及时传递给用户,同时全面、及时地收集顾客的反馈信息。

(三)市场调研

企业通过微博发布信息开展市场调研,低成本地与相当范围的受众进行交流,从而获得消费者的意见和需求信息。

(四)危机公关

企业通过微博平台,实时监测受众对品牌或产品的评论及疑问,当遇到危机事件时,通过微博对舆论进行正面引导,及时处理负面口碑,降低企业损失。比如轰动一时的"过期食品再利用"事件,事发初期麦当劳就是利用微博进行公关。

任务二 微博运营

一、微博运营工作流程

微博运营全过程通常包括前期规划、账号设立、常规运营、活动策划、营销推广五个环节,如图 4-6 所示。

图 4-6 微博运营全过程

微博的前期规划包括账号定位、微博矩阵打造、形象规划、运营规划以及内容规划等。微博的账号设立包括账号的开设、装修和认证。常规运营包括发布微博、活动策划、外部推广、客户关系管理和数据分析。活动策划包括确定活动主题、明确组织形式、明确活动规划、撰写活动方案和策划抽奖活动。营销推广是指通过微博平台内外部的推广活动。

二、微博前期规划

(一)账号定位

账号定位是用来确定微博运营的目的、目标人群和风格,要解决以下 3W。

Why——微博运营目的:提升品牌知名度?销售产品?与客户互动?

Who——微博目标人群：微博的目标客户是谁？最好有一个明确的用户画像。

What——微博风格：公司的品牌调性如何？微博用什么样的主色调、语言等。

确定了账号的定位就确定了微博接下来的运营方向。

（二）微博矩阵打造

微博矩阵打造主要是开设多个不同功能定位的微博，全方位塑造企业品牌。企业根据产品、品牌、功能等不同定位建立各个子微博，通过不同账号精准、有效地覆盖企业用户群体，实现营销效果的最大化。

以小米公司的微博矩阵为例。

小米微博矩阵主要包括公司主微博、产品微博、员工微博、粉丝微博四大类。公司主微博"小米公司"吸粉 1 374 万，主要任务是分享企业文化、价值观，实现品牌推广，打造品牌 IP；产品微博，如小米手机、小米 MIX、小米电器，主要任务是活动执行、销售转化和客户服务，产品微博如图 4-7 所示；员工微博，如雷军、卢伟冰、小米洪峰的微博都有百万以上的粉丝，主要任务为跨界引流、用户调研；粉丝微博——小米之家主要任务为引导米粉参与线上、线下的活动。矩阵中微博各自独立又相互关注相连，实现了营销效果的最大化。

图 4-7　小米的产品微博

以小米为核心的微博矩阵建设很成功，重要信息由雷军微博或官方微博进行首发，后由各个部门高管微博跟进转发、评论，从不同角度丰富和完善原微博的内涵，扩大信息面，形成网络化的微博营销体系，在众多新产品发布和重大信息发布中，小米完善的微博矩阵体系使得营销内容在网络上迅速传播。小米公司还非常重视与微博用户的互动，经常采用转发抽奖活动营销方式，既实现了回馈用户的目的，又实现了微博信息的裂变式传播，激发了受众的购买欲望，达到较好的营销效果。

（三）形象规划

形象规划是对微博进行设置和装修，突出定位和风格，要体现形象特征。

装修内容包括昵称、头像、认证信息、简介、模板、标签、公告栏目、个性域名、友情链接、封面图片等。

官方装修基本原则如下。

（1）模板设置既要美观，又要与企业形象保持一致。

（2）个性域名与官网保持一致，或者容易被用户记住。

（3）头像尽可能使用企业 logo，进行官方认证保持权威性。

（4）简介即为企业简介，围绕企业的行业、领域、产品类型等设置标签。

（5）以产品、服务或品牌为主题设计背景。

（6）充分利用轮换广告位展示企业、品牌或产品信息。

（四）运营规划

运营规划主要是对粉丝、意见领袖、活动、整合营销、资源、舆情监测等进行规划，确定微博发文的类型、数量、频率、时间及互动等。

（1）做好粉丝管理规划。对于不同偏好的粉丝，如何采用不同的方式进行沟通和互动。

（2）关键意见领袖管理规划。可以从相关度、影响力和合作机会三个维度进行综合评估。

（3）微博活动规划。整合线上线下各种渠道开展活动。

（4）资源规划。人、财、物各方面的规划，注意多部门合作。

（5）舆情监测与危机管理规划。及时发现负面信息，妥善进行处理。

（五）内容规划

内容规划确定微博的主题、文案及发布。

2020 年微博用户统计数据显示：微博用户在上班路上、午休时间、晚饭前、睡觉前比较活跃，大多数人通常没有办法读完所有的微博，所以发布时间和频率很重要。

人们每天上网看新鲜事物的时间通常比较趋向于几个集中的时间段：上午 9:30—12:00，下午 3:30—5:30，晚上 8:30—11:30。这几个时间段就是发微博的黄金时段。

周日主要放在 14:00—19:00 以及 21:00—23:00 发布微博。

信息类的早上发，娱乐类的下午发，互动类的晚上发。

固定频率发微博，高峰时期发布高质量微博，频率不要超过半小时 1 条。

三、 微博账号搭建

（一）注册

微博注册分为个人注册和官方注册。

个人注册时，点击"立即注册"，按要求输入手机号密码，点击"获取验证码"，选择自己的性别、生日以及昵称，然后输入手机收到的验证码，点击"注册"，输入完成后点击"下一步"选择自己喜欢的话题，选好后点击"我选好了"，就注册完成了。

政府企业媒体等可以使用官方注册，按要求输入邮箱密码、微博名、所在地，点击"获取验证码",输入收到的验证码,点击"注册",输入完成后点击"下一步",然后根据提示选择,就能注册完成。

（二）认证

为了提高个人及官方账号的可信度,我们一般还需进行认证,认证分为个人认证和机构认证。

1. 个人认证

个人可以申请身份认证、兴趣认证、超话认证和金杯认证。不同认证有不同的目标,需要不同的条件。

（1）身份认证。身份认证需要绑定手机,有头像,粉丝数不低于50,关注数不低于50,至少两个橙V互粉好友,有发微博内容,而且能体现活跃的真实个人。海外身份还需要提交相关材料,如图4-8所示。

图4-8　海外博主认证需要提交的材料

（2）兴趣认证、橙V认证。兴趣认证及橙V认证要求绑定手机,有头像,粉丝数不低于50,关注数不低于50,至少两个橙V互粉好友,有发微博内容且体现活跃的真实个人。

（3）金V认证。金V认证要求个人用户近30天阅读量大于1 000万,粉丝数大于1万,遵守社区公约。如李子柒的微博,就开通了金V认证,如图4-9所示。

图4-9　李子柒的微博认证

2．企业认证

企业认证需要有营业执照副本原件的拍照或扫描件，公函要加盖企业彩色公章，提交材料后三个工作日内即可完成审核，企业认证完成后，它的微博头像后面会出现蓝V标志，可以使用多种营销工具开展微博营销，比如伊利集团的蓝V企业认证，如图4-10所示。

图4-10　伊利集团微博

3．政府机关认证

政府认证主要有四个步骤：第一步是选择认证类型；第二步是填写认证信息；第三步是审核认证信息；第四步是认证结果。认证信息这个栏目里面，需要选择认证类型、政府类别、行政级别、所在地以及昵称等。信息这一栏目需要输入政府/单位全称、认证说明、政府/单位地址、联系人姓名、联系人职位、联系手机、联系邮箱、还需要上传政府认证的申请公函。政府机关认证如图4-11和图4-12所示。

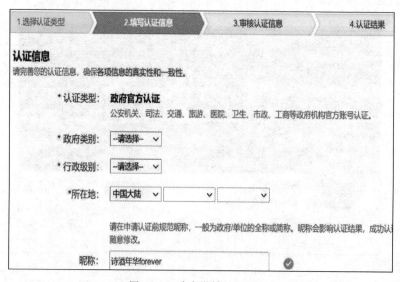

图4-11　政府微博认证(一)

图 4-12　政府微博认证(二)

此外,还有机构团体、校园认证、公益认证等。

四、 微博日常运营

(一)常规运营

1. 微博常规运营流程

微博运营的流程包括建立账号、发表话题、关注别人、转帖@别人、评论@别人等,其中建立账号是微博营销的基础。发表话题是为了吸引粉丝,如果粉丝有转帖评论行为,那么这个粉丝就是优质粉丝,关注别人同样是为了吸引粉丝,转帖@别人也是为了吸引粉丝,如果有回应则是优质粉丝。微博运营基本运营流程如图 4-13 所示。

2. 微博运营的关键

(1) 发表话题是前提。微博若想引起目标群体的关注,关键在于发布的内容能够引起目标群体的关注。因此要对内容进行定位,语言风格要符合企业自身形象,配合企业产品推广周期发布微博,研究并迎合目标群体行为习惯和阅读习惯。

(2) 关注是根基。被关注是微博传播和展示的第一步,企业的粉丝越精准越好。评价关注微博的粉丝质量可以从以下三个方面着手:首先是粉丝数量,粉丝数量越多,传播越广;其次是粉丝活跃度,即参与微博评论、互动和转发的群体;最后是粉丝的在线时

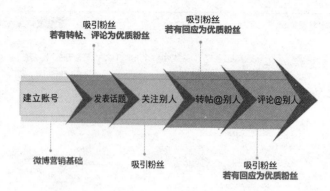

图 4-13 微博日常运营流程

间,粉丝在线时间越长,微博的阅读、互动和转发量越大。

(3)转发是核心。微博营销就是要发布营销信息并传播出去,高转发率是微博信息裂变式传播的有效途径,因此引导并关注粉丝的转发,引导传播流量是微博营销需要考虑的核心问题。

(4)评论互动是引擎。微博是企业直接与粉丝对话的重要平台。通过与粉丝的良性互动,粉丝对企业的品牌形象会更加了解。在互动过程中企业要及时回复粉丝的问题,注意倾听,抓住粉丝的情感意愿和诉求取向,及时主动解决负面评价,做到愉悦互动。

3.微博运营日常工作

微博运营日常工作包括以下五个方面。

1)发布微博

按照前期规划的时间、频率和内容发布微博。

发布的微博内容包括:企业相关的内容,如企业动态、领导新闻;新品上市、活动促销、产品知识、品牌故事等;用户相关的内容,如育儿、保健、美容、社会热点、笑话等用户关注的其他话题或用户体验分享等。

以卫龙食品的微博为例,卫龙食品是一家辣味休闲食品行业的知名企业,拥有卫龙、辣条等多家产品品牌,公司共有 37 万粉丝,发布了 4 800 多条微博。在公司的微博中,既有公司相关的新闻和活动,比如"公司支援郑州水灾"的活动内容,也有新产品上市的微博,甚至还有年轻目标群体所关注的腾讯游戏、手机新品发布的微博,发布的内容十分丰富,牢牢地吸引住粉丝的眼球,如图 4-14 所示。

好的微博内容应该做到以下几点。

(1)使用♯♯分门别类,使话题易于检索。

(2)正文有趣、有用、有价值,与企业相关。

(3)使用@引起粉丝关注,增加互动。

(4)附上链接到原地址,方便浏览者跳转,了解详情。

(5)图文并茂,多用视频等媒体。

以海尔官微为例,海尔也是一家活跃在微博上的传统制造企业。它的微博语言活泼,擅长应用话题标签和@,活跃气氛,增加互动。例如发一则分享友情故事送抽奖的活动微

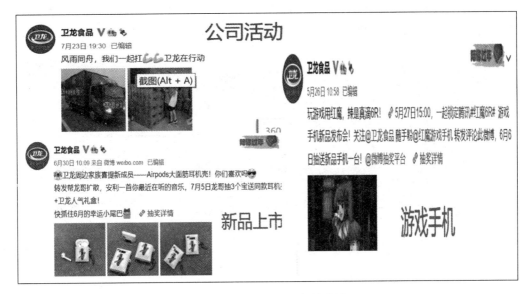

图 4-14 卫龙食品发布的微博

博,发起♯7年海狮在一起♯、♯你有超过7年的友谊吗♯等话题,同时@了苏宁易购,做到了有趣、有利、有价值。

2)活动策划

这里的活动既包括企业自身在微博发起的各项活动,还包括与媒体机构、合作企业等联合发起的各种活动。

以小米手机为例。小米手机的微博既有小米自己的活动,如"转发抽送一台小米11",还有与小米商城联合发起的"小米系列暑促加磅惊喜活动",此外,还转发了"歼10、歼20亮相庆祝大会"这种别人的活动,所以小米手机微博的活动是非常丰富的。

3)外部推广

要通过尽可能多的渠道推广微博。

(1)可以通过 KOL(关键意见领袖)、网红达人、人气明星等转发。

(2)可以通过内部自家的官网、网上商城推广。

(3)可以通过电子邮件、论坛推广。

(4)可以通过其他社会化媒体推广。

4)客户关系管理

可以分为售前、售中和售后客户关系管理。

(1)售前主要回应客户咨询,激发消费欲望。

(2)售中回应用户对产品或技术的咨询,进行答疑,引导消费。

(3)售后处理客户投诉,承担危机公关。

(4)活动结束后,兑现赠品或奖品、购物券发放。

(5)与粉丝互动,回复用户的评论或留言,营造良好氛围。

例如小米手机,分别用"小米服务那些事"和"小米手机"账号与客户互动,解决客户提出的产品和服务问题,用轻松活泼的语气和表情营造气氛,如图4-15所示。

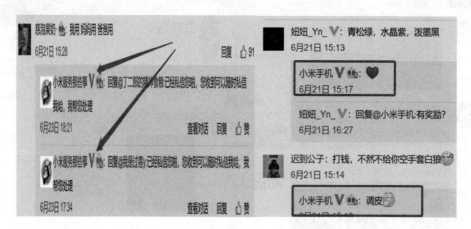

图 4-15　小米微博的客户关系管理

5)数据分析

数据分析主要包括的工作如下。

(1)数据监测。监测微博的主要数据,如关注数、粉丝数、微博数、转发量、评论数和总话题量等。

(2)数据收集。通过管理中心后台的数据助手收集数据。其中,粉丝服务分为基础版和付费版,基础版包含粉丝分析、博文分析、互动分析和相关账号分析四个分析模块,如果这些还不能满足需求,则可以付费购买更多功能。

(3)数据分析。主要分析粉丝特质、粉丝数量和活跃度、传播力等。

通过微博管理中心后台的数据助手,可以看到它包括粉丝服务、微博小店、内容收益、营销推广、设置管理、我的应用、微博钱包、微热点、微沸点、众筹、定时微博等,其中粉丝服务就可以用来进行数据的收集。

(二)粉丝运营

1. 粉丝运营概述

粉丝是英语 fans 的音译,是狂热、热爱之意,后来引申为影迷、追星等意思,微博粉丝是在微博里对某一博主保持持续关注的群体,当博主发表新微博,第一时间关注他的,大多数情况下就是该微博的粉丝。同时粉丝又会将其言论传播到更大的范围,使得博主的影响力逐步扩大,由此引发粉丝数量上的激增。

粉丝是微博流量的基础,也是企业产品或服务变现的基础。

粉丝可以分为以下几种类型,需要加以甄别和分类管理。

(1)僵尸粉。僵尸粉是由系统自动注册产生的虚假用户,也可以说是虚拟用户,通常用于刷关注、转发、点赞、评论等。一般适合需要微博粉丝数比较多的微博。

(2)高级粉。高级粉是指有活跃度,会更新微博,喜欢就会转发评论点赞的粉丝,是比较适中的粉丝类型,一般适合个人、微商、网红主播等需要人气的微博。

（3）精准粉。精准粉是指有潜在需求的，对产品、对 IP、对项目、对人物等感兴趣的，并愿意为其付费的粉丝。这是企业最希望得到的粉丝。

2．粉丝运营技巧

1）粉丝增长

（1）通过内容涨粉，如果你擅长写文章，就多使用加关注、吸引粉丝继续阅读的功能，来提升涨粉效率。如果你擅长发视频，就可以经常在视频中引导大家关注你，通过站外渠道也可以展示你的微博账号吸引粉丝。

（2）通过微博工具涨粉，比如微博问答、微博故事、超级话题等涨粉工具。

（3）多发微博，与粉丝多互动，在保证内容质量的前提下，通过提升微博发布的频次，来加强你跟粉丝之间的互动，这是涨粉以及沉淀忠实粉丝的不二法则。

2）粉丝留存

（1）要坚持原有的定位，保持一贯的风格，粉丝之所以关注微博，是因为他们喜欢原有的风格，经常变化的微博风格会使粉丝失望而离开。

（2）发布优质内容，保持相当比例的原创作品，微博上信息非常多、非常拥挤，优质的、个性化的微博才能吸引粉丝持续关注。

（3）要及时回复粉丝评论，与粉丝保持良性互动，这样可以在增进相互了解的同时，强化粉丝的忠诚度。

3）粉丝维护

（1）要强化粉丝互动，当我们发布微博包括图文、影像、短视频、热点讨论时，根据内容的质量和产生的公信度，会引起粉丝们的评论、吐槽、转发和议论，在收到粉丝们不同的反馈后，应该给予快速的回应，而且尽量做到回复内容有价值。

（2）适当开展粉丝活动，如有奖竞答、趣味数学、脑筋急转弯、智力竞赛等，给获奖者一定的奖励，以培养粉丝的忠诚度。

3．超级粉丝通

超级粉丝通是基于微博海量的用户把企业信息广泛传递给粉丝和潜在粉丝的一种营销产品。

广告主依据用户属性和社交关系，将信息准确地投放给目标用户，广告投放会变得更加精准。根据微博平台上超级粉丝通的资料，目前它能够触达到 4.13 亿活跃用户和 1.9 亿日活跃用户，传播范围非常广。

超级粉丝通具有海量触达、精准定向、多维传播、覆盖微博一级优质用户等特征，而且由于它能够根据微博大数据用户的画像，多维度、多属性地精准定位目标人群，所以可以大幅提高广告转化率。

通过明星＋关键意见领袖＋亿万用户，当微博被粉丝转发之后，还可以被多次传播。

超级粉丝通广告积累的粉丝将成为企业长期的社交资产。

1）申请方式

目前超级粉丝通开户不限制账号类型，蓝 V、橙 V、普户均可申请。

超级粉丝通有以下三种申请方式。

（1）登录网页端的微博，进入个人主页的管理中心，点击左侧菜单栏的营销推广，点击广告中心，就能跳转到相应的页面，选择超级粉丝通申请。

（2）登录手机端微博，搜索官方账号@微博广告，进入账号，点击主页下方的客服入口之后，在出现的页面中，点击底部的导航菜单"广告产品"，在下拉菜单选择"超级粉丝通"。

（3）直接输入链接地址。

2）填写内容

超级粉丝通的申请页面有企业广告主和个人广告主两种类型。

企业广告主需要填写的信息包括基本信息、企业信息和网站信息。其中基本信息的必选项有微博昵称、联系人的姓名、手机号、所在的省或直辖市、通信地址、邮箱、所在行业。企业信息要填写的信息包括主体资质的类型、名称、统一社会信用代码或者注册号、有效期、经营范围、图片（如营业执照）等。通过主体资质审核后，进入资质中心上传资料。之后是服务协议和规范之后的链接，点击查看，同意后勾选。其中，服务协议是微博粉丝通服务协议，规范是微博粉丝通广告审核规范。另外，还要求同意关注@微博广告@粉丝通加油站，全部选择"同意"后就可以提交信息了。

个人广告主要填写的信息包括微博的昵称、联系人的姓名、手机号、所在的省或直辖市、通信地址、邮箱、所在行业、主体资质类型、身份证姓名、身份证号、身份证有效日期、身份证的正反面照片、本人手持身份证的照片。之后是服务协议和规范之后的链接，点击查看，同意后勾选。其中，服务协议是微博粉丝通服务协议，规范是微博粉丝通广告审核规范。另外，还要求同意关注@微博广告@粉丝通加油站，全部选择"同意"后就可以提交信息了。

3）限制行业

微博粉丝通有一些行业是限制使用的，目前限制推广的行业包括以下几种。

• 医疗医药类：医疗、医院、医药、整容整形、康复/疗养、心理健康、保健品。
• 美容类：减肥、丰胸（机构性质的除外）。
• 招商类：招商加盟。
• 金融类：基金证券、金融投资、金融/理财产品。
• 其他类：烟草。

未来行业限制将根据业务发展及政策变化有相应调整。

（三）活动运营

1. 微博活动运营技巧

微博活动是企业回馈粉丝、增长粉丝的一种重要方式，活动能在短时间内吸引大量的粉丝关注和互动。企业进行微博营销活动时有以下技巧。

（1）规则简单易懂。规则简单才能吸引更多的用户参与，最大限度地引来转发和传播，增加曝光度。规则的官方介绍要图文并茂，清晰美观，文字控制在 150 字以内，尺寸可放大，可插入视频。

（2）奖品刺激。奖品能够刺激用户踊跃参加微博活动，奖品包括赠品、红包、优惠券等。发放赠品时要注意印上公司的logo,以提高用户的品牌印象和忠诚度。赠品要有新意,成本不能太高。

（3）多渠道传播活动信息。活动传播一般分为内部渠道和外部渠道。内部渠道包括公司自己的员工及亲朋好友、业务相关单位等,企业开通微博初期内部渠道不可避免;外部渠道则是借助有影响力的微博账号,通过转发等形式传播活动信息。

2. 微博活动策划流程

微博活动策划通常包括以下流程。

1）确定活动主题

确定活动主题决定了整个活动的导向,开展活动首先要明确活动主题,之后所有的活动方案都要围绕该主题,针对性强的、明确新颖的主题能够吸引粉丝参与,快速形成话题口碑,引爆裂变式传播。

常见的主题有节假日主题、季节主题、公益主题、比赛主题、晒图主题等。

主题还要与企业自身或产品特点结合起来。

（1）节假日主题。如煌上煌的♯端午的 N 种打开方式♯有奖征集活动,天猫的♯过年回家带些啥,转发抽奖活动♯等都属于节假日主题。此类主题是大家集中做活动的节点,人气聚集,关注度高,效果好。

（2）季节主题。如♯我和春天有个约会♯、♯约惠夏天♯、♯秋天橘子熟了♯、♯冬天你恋爱了吗♯等。

（3）公益主题。如♯冰桶挑战♯、♯大手牵小手♯、♯驰援河南 海尔在行动♯、♯公益是一种职业♯等。

（4）比赛主题。如♯搞笑红人比赛♯、♯海尔兄弟问答东京♯、♯六一卖萌大赛♯、♯清唱大赛♯等。

（5）晒图主题。如♯天天晒萌娃♯、♯邓你晒单♯、♯甜茶晒童年照♯等。

2）明确组织形式

一般情况下有四类组织形式。

（1）自己策划活动,自己设计活动主题,通过微博宣传开展,或者与其他企业合作开展。

（2）借助体育事件,针对近期热门的体育事件、体育人物设计一个与此相关的主题活动。

（3）借助文化节目,借助著名的公益事件、文化事件、经典书籍、历史事件、各种节目等设计一个主题营销活动,以此吸引对文化节日感兴趣的目标用户。

（4）借助娱乐新闻,借助歌手、演员、电视剧、电影、综艺节目等设计一个主题营销活动。

例如,海尔借助热门的东京奥运会体育赛事,发起♯海尔兄弟问答东京♯话题,开启关注、转发、评论抽奖活动,引发粉丝互动。

3) 制订活动规则

微博海量的信息要求活动规则一定要简单明了，易于操作。

常见"关注＋转发＋@好友"形式。这种形式需要关注微博，转发并@1～3个好友，这样操作可以增粉，并带动粉丝的粉丝转发，达到裂变传播。"转发＋♯微话题♯"还可以带动微话题页面的曝光度，适用于节假日活动。

活动时间一般在3～15天，奖品以实物、现金为主，最好随时抽奖。

以海尔2021年7月23日的♯海尔兄弟问东京♯微博为例，这则微博是这样描述它的活动规则的：

来了，转评本微提出你的疑问，本微特邀知识官将进行解答，还会揪100位幸运鹅由三翼鸟官微送出惊喜礼品。

规则的描述非常简明。

4) 撰写活动文案

活动文案要简单、清晰、明确，活动主题、活动规则、活动时间、活动形式和活动奖项要一目了然。以短微博为主，可以搭配长图，图文并茂，互为补充，效果更佳。

好的标题是成功的一半，标题可以用叙事式、诉求式、颂扬式、号召式、悬念式、提问式等写法；正文内容新颖有趣，可参与度高，接地气。洞察粉丝需求，根据品牌个性创作独特、吸引人的内容。

常见的文案有现金类文案、实物抽奖类文案和新品试吃、试用类文案。

(1) 现金抽奖类文案，要突出金额，吸引粉丝关注。比如这一篇微博的文案是这样写的："抽奖，抽奖，抽奖转评赞抽三位各50元现金，周五开奖"。突出了抽奖和金额，吸引粉丝关注。

(2) 实物抽奖类文案，要突出情怀，引发共鸣。

(3) 新品试吃、试用类文案，要强调免费，鼓励晒单，写体验，以此来收集反馈，改进产品和服务。比如新浪众测的♯新品免费玩♯文案，再三强调免费，给阅读者很深的印象。

5) 策划抽奖活动

首先要设置抽奖活动。主要做法是进入账号管理中心，点击"运营助手"下的抽奖中心，选择一条已经发布的微博，设置抽奖。活动提交后，需要24小时的审核时间。

其次要策划活动奖品发放活动。要遵照活动规则，及时地发放活动奖品，快速在粉丝中树立良好的口碑，吸引更多的人参与。要展示奖品发放情况，以证明活动是真实、有效的，用以提高粉丝的信任度。

最后还要设计活动后续晒单。活动后续晒单能证明活动的真实性，让粉丝产生信任，实物晒单能够引发消费者的兴趣，促进营销效果，要培养粉丝的晒单习惯。以桐梓县融媒体中心的"空中桐课—家校共育劳动课"，第一期晒一晒活动评选结果为例，通过晒一晒获奖作品，吸引消费者的兴趣和参与，如图4-16所示。

3. 小米手机体验活动案例

小米手机2021年暑假期间在微博平台发起一场针对刚升学的青年学生的暑促活动，其话题标签是♯你好 新同学♯ ♯小米暑促季♯。

图 4-16　桐梓县融媒体中心的晒作品活动

1）预热

小米官微在 2021 年 7 月 9 日的 10：00，12：03、17：08、20：07 分别发布微博，宣布小米智能未来体验馆即将空降重庆解放碑，6 米巨型娃娃机同步现身。活动时间为 7 月 10 日—7 月 18 日。

微博还推出一位暑促体验官荣梓杉，一位有青春活力的年轻人，以及一个暑促活动的宣传视频，并提出"夏天很长，暑促很短，快和荣梓杉一起打卡小米之家吧""你好，新同学，不见不散"的文案口号，如图 4-17 所示。

图 4-17　小米暑促活动预热微博

2）持续宣传

小米官微 7 月 10 日 15：29 和 19：54 继续发微博，宣传小米在重庆解放碑的暑促活动。15：29 的微博提醒大家活动地点在重庆解放碑，有高达 6 米娃娃机；19：54 的微博告诉大家活动很好玩,如图 4-18 所示。

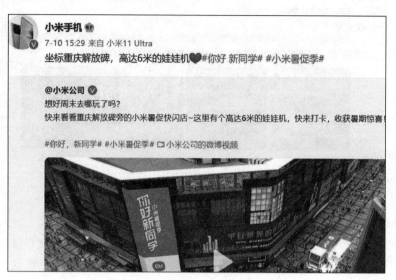

图 4-18　小米暑促活动宣传微博

3) 活动现场

7 月 11 日 16:00 的微博写道:"跟随小米暑促体验官@荣梓杉一起,在重庆挑战 6 米巨型娃娃机,猜猜他抓到了什么?"并附上暑促体验官@荣梓杉的视频。吸引、引导用户参与,如图 4-19 所示。

图 4-19　小米暑促活动现场

4）活动延伸

7月20日的微博是活动结束后的延伸,小米暑促体验官@荣梓杉宣传小米暑促产品手机、笔记本电脑、旅行箱等,增强大家的暑促记忆,促进销售,如图4-20所示。

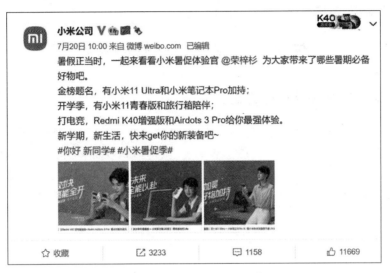

图 4-20　小米暑促活动延伸

5）活动总结

8月25日的微博是活动的总结,"荣梓杉的这一箱开学装备,你最想要哪个",配合荣梓杉的产品宣传视频,在开学前开展最后一波暑促,如图4-21所示。

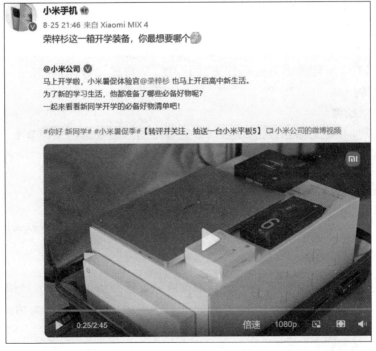

图 4-21　小米暑促活动总结

小米公司以♯你好 新同学♯、♯小米暑促季♯为话题一共连发了8篇微博,先预热,再现场展示,活动延伸,最后的总结视频,再次展示小米笔记本电脑、手机、旅行箱等适合新同学的必备好物,吸引青年学生参加暑促体验,了解并购买产品,整个过程循序渐进,是一次策划很成功的微博活动。

任务三　微博营销数据分析

一、 微博数据分析的主要指标

微博运营离不开数据分析的支撑。

数据类型包括微博基础数据、粉丝活跃度、微博活跃度等。具体指标包括微博发布数、粉丝数、关注数、转发总数及平均数、回复数及回复率、评论总数及平均数等。其中一些数据可以直接在微博上采集,有的则需要借助数据采集工具及数据分析工具,如爬虫软件、Python、Excel、SPSS等。比如我们观察小米公司官微运营情况时,会注意到它的总粉丝数、关注数、发布的微博数等,还会看它发的某条微博转发、评论、点赞数,从而来判断这条微博的质量。

微博运营需要收集的数据主要有以下几种。

1．微博基础数据

(1)微博数。微博数即博主发布的微博数,包括每天发布的微博数和所有微博总数。发布的微博数越多,对外传播的信息量越大。

(2)粉丝数。粉丝数即微博账号的粉丝数量。

(3)微博的点赞、转发和评论数。

2．平均转发数

平均转发数即每条微博的转发数之和除以微博总数,一般计算日平均转发数或月平均转发数、平均回复数也是按同样方法计算。平均转发数越高,说明微博内容和粉丝的质量越高。

3．粉丝活跃度

粉丝活跃度是一个综合数据,一般可以通过平均转发数、点赞、回复数等来衡量。粉丝越活跃,说明微博内容越吸引人。

二、 微博数据分析的主要工具

下面主要介绍微博平台自身提供的两种分析工具:微指数和微博数据助手。

(一) 微指数

微指数主要用于外部数据分析,是新浪微博的数据分析工具,官方微博为@微指数。它通过关键词的热议度,以及行业/类别的平均影响力,来反映微博舆情或账号的发展走势。

微指数分为热词指数和影响力指数两大模块,此外,还可以查看热议人群及各类账号的地域分布情况。热词指数可以查看关键词在微博的热议度,了解热议人群的地区分布情况。推荐热词是根据近期微博热议度较高的关键词进行推荐。影响力指数包括政务指数、媒体指数、网站指数、名人指数。

2018 年 6 月 12 日,微博公告宣称,为了可以更好地服务广大用户,微指数网页版完成了产品功能升级,此次更新内容包括:①指数算法升级,整合多维度指标综合展示关键词热度;②移动端全新改版,页面更加简约,使用更加便捷;③新增关键词的入库申请功能;④新增关键词搜索记录查询功能;⑤新增关键词收藏功能;⑥新增帮助中心功能;⑦暂时关闭微指数网页版。

移动版微指数如图 4-22 所示。

(二)微博数据助手

每一个账号都有自己独有的具体情况与粉丝特点,所以在运营过程中,要善于运用管理中心的数据服务分析账号各方面的数据情况,并根据相关数据情况及时调整自身的运营策略。

1. 数据类型

关键数据,如发博数、阅读数、互动数、新增粉丝数。

阅读数据,如阅读数、新博数、阅读来源、同领域阅读数排名、大 V 转发、热门单条。

互动数据,如互动数、互动人数、微博转评赞数。

粉丝数据,如新增粉丝数、新增粉丝来源。

2. 微博数据助手的功能

1)粉丝趋势分析

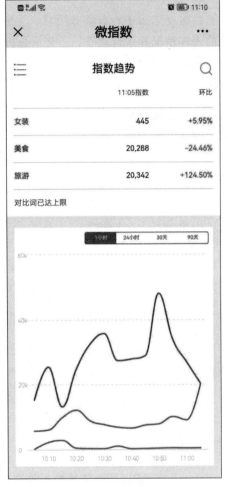

图 4-22　移动版微指数

主要查看关注的粉丝增长和减少的总体情况,透过微博数据助手,同时可直观地看到粉丝在这一周期内的变化情况,如此就可以很明了粉丝在哪一天增长得最多,哪一天减少得最多,再结合内容及互动情况的分析,就可以很清楚地知道增长及降低的原因,然后据此实时调整自己的运营策略。切记,不要孤立地看数据,要有整体的意识,既宏观又微观地去查看分享数据。

2)内容分析

主要查看的是微博的发博频率及主动与粉丝互动的情况,同时可看到在此周期内哪条微博的互动情况最为出彩。而根据此情况,可以有针对性地调整账号每日的发博频率及内容选材角度。

3）互动分析

可以很直观地看到这一周期内的阅读、转发、评论、点赞情况。

4）高级功能

高级功能属于收费服务项目。主要有：①相关账号分析，分析检测感兴趣的微博账号的表现情况和运营动态；②文章分析，用户发布的头条文章阅读数分析；③视频分析，用户发布的微博原始视频播放量分析；④大数据实验室，对单条微博的传播效果进行分析。

 知识链接

新浪微博

一、发展历史

新浪微博由新浪网 2009 年 8 月推出。

2013 年 4 月 29 日，新浪公司子公司微博公司（以下简称"微博"）与阿里巴巴集团（简称"阿里巴巴"）的子公司阿里巴巴（中国），签署战略合作协议。

2013 年 8 月 1 日，新浪微博与淘宝网推出新浪微博淘宝网版，实现账号互通，淘宝网卖家可在新浪微博淘宝网版直接发布商品，并通过后台进行商品管理及商情监控。

2014 年 3 月 27 日，新浪微博正式更名为微博。

2014 年 4 月 17 日，新浪微博正式登陆纳斯达克。

2016 年 5 月 24 日，央视体育频道与微博奥运战略合作发布会在北京召开。微博成为央视奥运报道首席社交媒体战略合作伙伴。

2018 年 11 月，新浪微博杭州研发中心正式落户拱墅区智慧网谷数字经济小镇。

2019 年 12 月，新浪微博入选 2019 年中国品牌强国盛典榜样 100 品牌。

2020 年 9 月，月活跃用户达到 5.11 亿，日活跃用户 2.24 亿。

二、基本功能

（1）开放 API（应用程序编程接口）：用户可以通过 API 发微博，传照片，加关注，甚至搜索等全部功能。

（2）客户端：新浪微博正式上线时，同时推出各种手机、浏览器、IM 上的微博客户端、机器人以及短信平台。

（3）图片、视频分享：新浪微博具有图片、视频和音乐分享功能。

（4）可以同步到其他微博。

（5）发布、转发、关注、私信、搜索、评论等功能。

（6）电商功能：2020 年 3 月正式推出"微博小店"，是"微橱窗"的升级。"微博小店"的功能包括商品的添加与管理、核心经营数据服务、推广信息设置等。之前的"微橱窗"用来展示商品。

三、用户特征

微博用户群体继续呈现年轻化趋势，"90 后"和"00 后"的占比接近 80%，其中"90 后"占比 48%，女性用户规模高于男性用户。在生活消费、兴趣关注上，不同年龄段微博用户呈现出明显的代际特征,如图 4-23 所示。

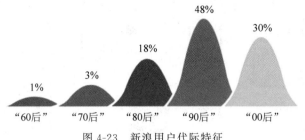

图 4-23 新浪用户代际特征

2020 年,微博从消费、美食、运动等各方面渗透到年轻人的生活中,成为年轻人的一种生活方式。中午 12 点和晚上 10 点是微博用户的黄金冲浪时段,"90 后"和"00 后"的互动量最高。美食方面,火锅、奶茶、螺蛳粉入选"00 后"美食榜单前三名,螺蛳粉、烤肉、酸辣粉则是"90 后"钟爱的小吃,如图 4-24 所示。

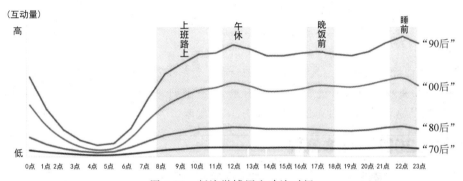

图 4-24 新浪微博用户冲浪时间

"90 后"女生成为消费的中流砥柱,赢得"剁手之王"的称号,她们通过微博小店购买最多的商品是清洁用品、药品,非常注重健康防护。伴随着成家立业,她们经常购买的商品还包括居家用品、床上用品、婴儿用品、蔬菜肉类,与生活息息相关。

在全民健身的热潮下,#宅家健康运动计划#和#再冷也要运动#等话题在微博上的热度持续提升。报告显示,"80 后"和"90 后"的运动热情最高,其中"80 后"最普遍的运动方式是跑步和瑜伽,愿意为喜欢的运动付出时间和金钱。

"90 后"将健身房、办公室和家都变成运动场所,以打卡的形式追求运动仪式感,相比之下,"70 后"已经将运动的热情倾注进下一代,不少"00 后"则认为"动动手指都在健身"。

微博一直是热点发布、关注和讨论的重要平台。对于热门话题的关注,微博用户也呈现出明显的年龄差异。其中,"90 后""00 后"的关注领域主要集中在影剧综及游戏,体现"泛娱乐"特征;"70 后""80 后"的关注领域则更广泛,体现"泛社会"特征。

各地用户在微博上也展现出着不同的兴趣点。比如河南的武术、四川的佛系、海南的太空、山西的追漫、贵州的猫咪、东北的私房菜,如图 4-25 所示。

2020 年微博认证的政务机构账号数量超过 14 万个,其粉丝总数突破 30 亿,所发布微博的总阅读量超过 4 500 亿次。权威疫情信息、社会热点回应、正能量暖心故事是用户

图 4-25 新浪微博的区域特点

关注政务微博最希望看到的内容。

微博认证的媒体机构账号数量超过 3.8 万个,媒体机构全年所发布微博累计被转评、评论和点赞超过 66.8 亿次,总阅读量超过 2.4 万亿次。

2020 年微博继续推动全民公益理念的普及,全年 1 786 万微博用户通过微公益平台为 1 544 个公益项目捐出超过 1.41 亿元善款,其中将近一半为明星粉丝捐赠,同时,1 438 个公益话题的总阅读量超过 1 207 亿,如图 4-26 所示。

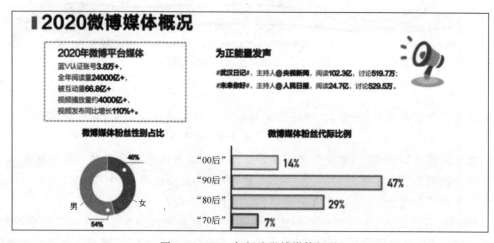

图 4-26 2020 年新浪微博媒体概况

 思政小课堂

职 业 道 德

道德当身,不以物惑。

——管仲

职业道德是从业人员处理职业活动中各种关系、矛盾行为的准则,是从业人员在职业活动中必须遵守的道德规范。它包括以下几方面的内容：忠于职守,乐于奉献;实事求是,不弄虚作假;依法行事,严守秘密;公正透明,服务社会。

职业道德是社会道德体系的重要组成部分,它一方面具有社会道德的一般作用,另一方面又具有自身的特殊作用,用来调节职业交往中从业人员内部以及从业人员与服务对象间的关系,有助于维护和提高本行业的信誉,促进本行业的发展,提高全社会的道德水平。

微博受众广泛、传播速度快,影响力大。在微博营销过程中一定要遵守职业道德,在账号定位、内容规划、顾客互动等活动中要以事实为依据,注重正向价值的传递,维护企业和行业信誉。

项目实训

一、理论知识实训

(一)单项选择题

1. 最早也是最著名的微博是(　　)。

　　A. 新浪微博　　　　B. 腾讯微博　　　　C. Twitter　　　　D. 网易微博

2. 由两个♯框起来的文字,就是(　　)。

　　A. "话题"　　　　B. 对某人说　　　　C. 私信　　　　D. 关注

3. (　　)是指在微博上十分活跃、又有着大群粉丝的"公众人物"。

　　A. 蓝 V　　　　B. 黄 V　　　　C. 橙 V　　　　D. 大 V

4. (　　)是对微博进行设置和装修,突出定位和风格,要体现形象特征。

　　A. 形象规划　　　　B. 运营规划　　　　C. 内容规划　　　　D. 账号定位

5. 金 V 认证要求近 30 天阅读量大于(　　)。

　　A. 100 万　　　　B. 1 000 万　　　　C. 10 万　　　　D. 1 万

6. (　　)可以通过 KOL、网红达人、人气明星等转发。

　　A. 内部推广　　　　B. 活动推广　　　　C. 外部推广　　　　D. 新品推广

7. ♯秋天橘子熟了♯是(　　)活动主题。

　　A. 节假日主题　　　　B. 季节主题　　　　C. 公益主题　　　　D. 晒图主题

8. "抽奖,抽奖,抽奖转评赞抽三位各 50 元现金。"属于(　　)类文案。

　　A. 实物抽奖类　　　　　　　　　　B. 活动抽奖类

　　C. 新品试吃、试用类　　　　　　　D. 现金抽奖类

(二)多项选择题

1. 微博的功能包括(　　)。

　　A. 关注　　　　B. 私信　　　　C. @　　　　D. ♯

2. 微博营销可以分为(　　)。

　　A. 个人微博营销　　　　　　　　　B. 企业微博营销

　　C. 政务微博营销　　　　　　　　　D. 组织机构微博营销

3. 微博有(　　)的特点。

　　A. 低成本　　　　B. 高速度　　　　C. 广泛性　　　　D. 互动性

4. 微博账号定位是用来确定微博运营的目的、目标人群和风格,要解决( )。

    A. WHY   B. WHO   C. WITH   D. WHAT

5. 微博运营的关键是( )。

    A. 发表话题是前提   B. 关注是根基

    C. 转发是核心   D. 评论互动是引擎

6. 企业发布的微博内容通常包括( )。

    A. 企业相关的内容   B. 用户相关的内容

    C. 用户体验分享   D. 用户关注的其他话题

7. 数据分析包括( )。

    A. 数据监测   B. 数据收集   C. 数据分析   D. 数据挖掘

8. 企业进行微博营销活动时有以下技巧( )。

    A. 实时监测   B. 规则简单易懂

    C. 奖品刺激   D. 多渠道传播活动信息

二、综合能力实训

以团队为中心组建一家企业,推广某品牌手机产品。在调研小米、华为、vivo 等手机官方微博的基础上,制订该品牌手机的微博营销方案。

实训步骤如下。

(1) 以 3~5 人为单位组建团队,设组长一名,负责团队成员分工协作。

(2) 对知名手机企业微博进行调研,填写表 4-1。

表 4-1　调查表

分析指标	小米手机	华为手机	vivo 手机
认证类型			
粉丝数			
微博数			
首页装修风格			
认证账号描述			
近一周微博内容			
近 3 个活动主题			
微博矩阵			
调研总结			

(3) 分析产品特点,制订微博营销方案。

(4) 各团队总结制作,选派一人阐述团队的成果。

(5) 教师和其他团队对小组成果进行评价,指出不足和改进措施。

微 信 营 销

 学习目标

知识目标：了解微信营销的概念和优势；掌握微信营销的方法和技巧；掌握微信公众号的内容运营和用户运营；了解微信生态产品。

能力目标：能够开设微信公众号，撰写相关文案；能够搭建微信生态矩阵，并进行闭环运营。

素质目标：具有学习能力，能够利用第三方工具开通微信小程序；具有创新能力，能够设计微信矩阵。

思政目标：遵守微信公众号运营的相关规定，杜绝黄赌毒；诚实守信，具有社会责任感，在微信运营中传递正能量。

 知识思维导图

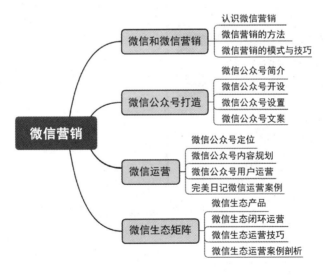

 **引导案例**

故宫博物院探索"互联网＋文化产业"，微信营销创新意

故宫博物院是中国综合性博物馆，是中国收藏文物最丰富的博物馆，更是中国最大的

古代文化艺术博物馆,是最具中国特色、最让中国人为之骄傲的文化名片。

然而故宫文创的营销之路曾走过不少弯路,在用户定位、产品研发、产品定位、产品定价、宣传方法、营销手段上都出现过大大小小的偏差,导致此前故宫文创产品的销售市场并不理想。

2012年之后,故宫博物院实施了一系列的改革措施,探索将互联网与文化产业相结合以提升品牌形象,尤其是在微信营销方面取得了显著的成效。

1. 打造微信营销体系

故宫微信营销体系包括微故宫公众号、故宫淘宝微信公众号、故宫博物院视频号和数字故宫小程序等系列微信系统产品。故宫博物院的官方微信公众号是"微故宫",主要内容是以展览介绍和游客服务为主,基本每周会有更新,如图5-1所示。而故宫淘宝微信公众号则是紧跟社会潮流,延续搞笑风趣的风格,以一个"段子手"的形象面向大众。2020年12月30日,故宫博物院微信视频号、微视全新上线,讲述故宫故"视"。"数字故宫"小程序则进一步全面整合了故宫的在线数字服务,观众可以通过小程序在第一时间掌握全部故宫资讯,无须在网站、微博、App等故宫多个数字平台上跳转。

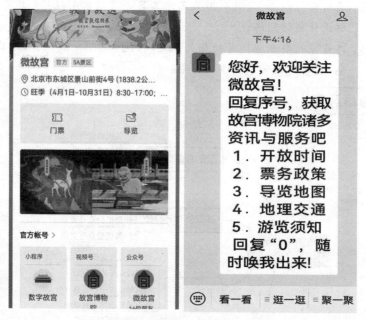

图5-1 故宫博物院的微信公众号

2. 故宫的微信营销

2014年8月1日,故宫淘宝微信公众号刊登了《雍正:感觉自己萌萌哒》,通过数字技术,故宫让《雍正行乐图》"活"了起来,古代与现代相互交融,此文一出,迅速让平均阅读量四位数的故宫有了第一次的10多万点击量,成为故宫淘宝公众号第一篇"10万+"爆文。

2015年5月,故宫淘宝微信公众号推出《她是怎么一步步剪掉长头发的》一文,文章先是讲述了乾隆皇帝和其皇后乌拉那拉氏之间的恩怨情仇,然后借助《还珠格格》中的皇后和容嬷嬷两个人物,在最后神转折,打了针线盒和香皂盒两样产品的广告。

2016年7月6日,故宫博物院和腾讯联合出品了H5——《穿越故宫来看你》,H5中,明成祖朱棣从画像中跳出来,唱着rap,玩着自拍,用微信、QQ与自己的后宫和大臣联络,让所有人对故宫的印象大为改观,用威严的皇族集体卖萌形成的反差感来诠释故宫的厚重历史。

2017年8月17日,微信公众号上刊登《朕是怎么把天聊死的》一文,在摘要中"后来他就死了。"真是神转折,文章中也是从历史入手之后各种网络语言、表情、漫画,中间植入书签产品。

2017年中秋节,故宫食品"朕的心意"推出了中秋月饼系列,随之推出的故宫月饼H5——《朕收到了一条来自你妈的微信》再一次让故宫刷了屏。炫酷风格搭配反差萌文案,大玩"总有刁民想害朕"的梗。凭着皇族的月饼,故宫博物院又是迎来了火爆的订单狂潮。

2018年5月18日,在第42个国际博物馆日上,故宫推出了一个名为"见大臣"AI智能聊天机器人,通过同名的微信小程序,用户可以随时与它谈心聊天。2018年5月18日,由腾讯地图和故宫博物院携手打造的"玩转故宫"小程序正式上线,以轻应用玩转"大故宫",以"新方法"连接"新公众"。通过基于地理数据的各项智慧服务,以创新的互联网方法和智能贴心的方式,让游客和观众们进一步体验故宫,而这也是故宫推出的首个在移动端的导览应用。

故宫博物院通过微信这一新媒体平台,不断进行文创产品的创新和升级,让博物馆这个听起来历史感厚重、严肃的地方,也能很好地和年轻人交流。同时,向年轻人传递了经典的文化、艺术,让年轻人更加喜爱传统文化,不至于让传统文化慢慢流失。在互联网时代的今天,很多爆红于网络上的网红产品来得快去得也快,所以故宫还在不断开发新产品、用新的创意、新的文案去吸引更多年轻人。

(资料来源:https://zhuanlan.zhihu.com/p/73849923.[2023-10-9].)

思考:故宫博物院的微信营销体系包括哪些?故宫博物院有哪些成功的微信营销案例,对你有什么启发?

任务一　微信和微信营销

一、认识微信营销

(一)微信的发展历程

微信由深圳腾讯控股有限公司于2010年10月筹划启动,是由腾讯广州研发中心产品团队打造的一个为智能终端提供即时通信服务的免费应用程序。微信支持跨通信运营商、跨操作系统平台通过网络快速发送免费语音短信、视频、图片和文字,同时,可以使用通过共享流媒体内容的资料和基于位置的社交插件"摇一摇""朋友圈""公众平台""语音记事本"等服务插件。

2011年1月21日,微信发布针对iPhone用户的1.0测试版。该版本支持通过QQ

号导入现有的联系人资料,但仅有即时通信、分享照片和更换头像等简单功能。在随后1.1、1.2和1.3三个测试版中,微信逐渐增加了对手机通讯录的读取、与腾讯微博私信的互通以及多人会话功能的支持,截至2011年4月底,腾讯微信获得了四五百万注册用户。

2012年08月23日微信公众平台正式上线,利用公众账号平台进行自媒体活动,简单来说就是进行一对多的媒体性行为活动,如商家通过申请公众微信服务号,通过二次开发展示商家微官网、微会员、微推送、微支付、微活动、微报名、微分享、微名片等,已经形成了一种主流的线上线下微信互动营销方式。

微信还在2013年推出游戏中心,2014年推出微信支付,2015年推出微信红包,2017年小程序上线,2021年在最新推出的8.0.8版本中,微信不仅可以同时登录手机、PC/Mac设备,还增加了平板设备的同时登录功能。目前微信已经从通信工具发展成为包罗万象的生活服务平台。

根据腾讯财报,微信及WeChat的合并月活账户数为12.025亿,每天1.2亿用户发朋友圈、3.6亿用户阅读公众号、4亿用户使用小程序。

(二)微信的主要功能

1. 聊天功能

微信支持发送语音短信、视频、图片(包括表情)和文字,支持多人群聊。

2. 添加好友

微信支持查找微信号、查看QQ好友添加好友、查看手机通讯录和分享微信号添加好友、摇一摇添加好友、二维码查找添加好友和漂流瓶接受好友7种方式。

3. 朋友圈

用户可以通过朋友圈发表文字和图片,同时可通过其他软件将文章或者音乐分享到朋友圈。用户可以对好友新发的照片进行"评论"或"赞",用户只能看相同好友的评论或赞。

4. 查看附近的人

微信将会根据地理位置找到在用户附近同样开启本功能的人。

5. 微信小程序

微信小程序是一种不需要下载安装即可使用的应用,用户扫一扫或者搜一下即可打开应用,"用完即走",能够满足简单的基础应用,适合生活服务类线下商铺以及非刚需低频应用的转换。

6. 微信支付

集成在微信客户端的支付功能,用户可以通过手机完成快速的支付流程。可以通过微信公众平台、App(第三方应用商城)、二维码扫描、刷卡、收付款等方式支付。

7. 微信公众平台

可以利用公众账号平台进行自媒体活动,主要有实时交流、消息发送和素材管理。用户可以对公众账户的粉丝进行分组管理、实时交流,同时可以使用高级功能——编辑模式和开发模式对用户信息进行自动回复。

8．其他

语音提醒，用户可以通过语音告诉他提醒打电话或是查看邮件。

漂流瓶，通过扔瓶子和捞瓶子匿名交友。

微信摇一摇，是微信推出的一个随机交友应用，通过摇手机或点击按钮模拟摇一摇，可以匹配到同一时段触发该功能的微信用户，从而增加用户间的互动和微信黏度。

游戏中心，可以进入微信玩游戏（还可以和好友比高分），例如"飞机大战"。

微信功能界面如图 5-2 所示。

图 5-2　微信功能界面

（三）微信营销的内涵

微信营销是企业利用手机、平板电脑等移动端，借助微官网、微信公众平台、微会员、微推送、微活动、微支付等方式形成的线上、线下微信互动的营销方式。是利用微信这种新兴社会化媒体影响其受众，通过在微介质上进行信息的快速传播、分享、反馈、互动，从而实现市场调研、产品推广、客户关系管理、品牌传播、危机公关等功能的营销行为。

微信营销能够实现点对点精准营销、营销形式多样、强关系、曝光量大等，是移动互联网时代营销方式的创新应用，且随着微信的普及使用而兴起。

二、微信营销的方法

（一）微信平台类型

微信营销平台分为微信个人账号、微信公众平台、第三方接入平台，其中微信个人账号主要用于发朋友圈，微信公众平台包括订阅号、服务号、企业微信、小程序，第三方接入

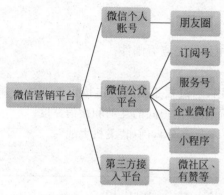

图 5-3　微信平台类型

平台包括微社区、有赞等,如图 5-3 所示。

针对不同的微信平台有不同的营销方法。

(二)基于微信个人账号营销

1. 营销模式

个人开通的微信号可以与手机通讯录绑定,邀请手机联系人、微信好友进行交流,可以通过朋友圈发布状态,与微信好友进行互动。个人还可以通过微信公众平台建立公众号,用以发布文章、推送信息。通过推广公众号,能够吸引粉丝的关注,粉丝越多,推广效果越大。

2. 营销流程

微信个人账号营销的主要流程包括:注册微信账号、装修微信账号、添加微信好友、朋友圈/微信群广告宣传、商谈交易及客服。

(1)注册账号需要下载微信 App,手机号或 QQ 注册。

(2)装修账号是打造个人形象,注意选择合适的头像、昵称、签名等,打造信任感。

(3)添加微信好友时要注意,好友的质量和数量直接影响微信营销的效果,可以从通讯录导入、扫二维码加入、搜索添加、宣传吸引客户主动添加。

(4)朋友圈/微信群广告宣传要提炼广告的关键词,合理设计方案,营造信任,注意发布时间。

(5)商谈交易时要引导客户下单购买,做好客户售后服务,留住老顾客。具体流程如图 5-4 所示。

图 5-4　基于微信个人账号营销流程

(三)基于微信公众号平台营销

微信公众号平台是一个自媒体平台,企业可以利用公众号平台群发文字、图片、语音和视频等信息,通过后台对用户分组和地域控制,实现精准的产品信息推送。主要方法如下。

1. 利用服务号提供客户服务

微信服务号的核心功能包括客户关系管理应用、智能客户服务中心应用、定制"扫一扫"等活动,利用微信发送信息,支持客户排队自动接入功能,并在回复客户问题的同时,利用对客户分组统计等功能,实现高效的社会化客户关系管理。

以南方航空服务号为例,南方航空服务号有三个主菜单:快速预订、服务大厅和粉丝专享。

"快速预订"提供机票、酒店预订及链接到南航商场微商场。

"服务大厅"办理选座、登机、退改服务，提供航班信息、出行服务和智能客服。

"粉丝专享"提供会员入会及会员服务、会员福利等。

南航依托微信服务号提供便捷的客户服务，如图 5-5 所示。

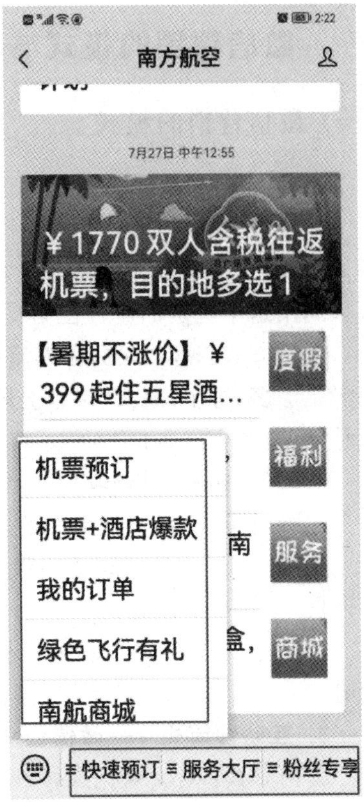

2．利用订阅号提供增值服务

订阅号最主要的功能是推送信息。通过每日一条、每条多栏的文本、图片、视频等信息，配合优秀的内容策划、推送策略以及互动设计等方式，向粉丝进行高质量的内容展示，通过客户关系的维持进行销售。

微信订阅号最大的优势在于低成本、广覆盖和个性化。微信订阅号已经广泛应用于各行各业，从美食、出行、休闲娱乐到传统行业和企业，取得了很大的成功。

图 5-5　南方航空的服务号营销

3．利用小程序实现商业变现

微信小程序是一种不用下载就能使用的应用，主体类型为企业、政府、媒体、其他组织或个人的开发者，均可申请注册小程序。微信小程序、微信订阅号、微信服务号、微信企业号是并行的体系。

小程序能够将碎片化场景连接起来，将线下门店、微博、朋友圈、社群、公众号、直播间无缝打通，提升用户打开率和复购率。

随着微信视频号功能的逐渐完善，小程序借势打造短路径的商业变现。短视频打通了微信所有引流通道，"短视频＋直播＋电商"闭环已经形成，如图 5-6 所示。

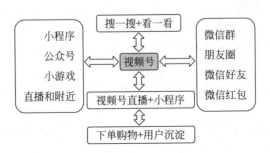

图 5-6　小程序的商业变现模式

三、 微信营销的模式与技巧

（一）微信营销的模式

1. 草根广告式——查看附近的人

功能模式：用户点击"查看附近的人"后，可以查找到周围的微信用户。在这些附近的微信用户中，除了显示用户姓名等基本信息外，还会显示用户签名档的内容，所以用户可以利用这个免费的广告位为自己的产品打广告。

营销方式：营销人员在人流最密集的地方 24 小时运行微信，如果"查看附近的人"使用者足够多，这个广告效果也会随着微信用户数量的上升而上升，这个简单的签名栏会变成移动的"黄金广告位"。

2. O2O 式——扫一扫

二维码是开展 O2O 最好的工具。

功能模式：将二维码图案置于取景框内，用户可以获得成员折扣、商家优惠或是一些新闻资讯。

营销方式：移动应用中加入二维码扫描这种 O2O 方式早已普及开来，价值不言而喻。

3. 互动营销式——微信公众平台

营销方式：对大众化媒体、明星以及企业而言，如果微信开放平台＋朋友圈的社交分享功能的开放，已经使得微信作为一种移动互联网上不可忽视的营销渠道，那么微信公众平台的上线，则使这种营销渠道更加直接和细化。

4. 微信开店

这里的微信开店是由商户申请获得微信支付权限，并开设微信店铺的平台。要申请微信支付权限需要具备两个条件：第一必须是服务号；第二需要申请微信认证，以获得微信高级接口权限。商户申请了微信支付后，才能进一步利用微信的开放资源搭建微信店铺。

（二）微信营销的技巧

1. 合理使用微信工具

常用的微信营销工具有微信群、朋友圈、微信公众号平台、视频号等。

微信群要设置特色明显的名称，长度控制在 10 个汉字以内。美化群二维码并适时推广。专人管理微信群，保证微信群交流质量。

朋友圈是基于好友之间的营销方式，要与好友多互动，营销信息的发布控制在合适的数量和时机。

公众号主要用来吸引用户，引流拉新，对于菜单栏、公众号介绍、发布内容、频率以及排版等方式要进行优化。

视频号内容以图片和视频为主，可以发布长度不超过 1 分钟的视频，或者不超过 9 张的图片，还能带上文字和公众号文章链接，而且不需要 PC 端后台，可以直接在手机上发布。视频号支持点赞、评论进行互动,也可以转发到朋友圈、聊天场景,与好友分享。

2. 建立微信矩阵

除了企业微信公众号,动员企业员工及业务相关人员建立微信账号、公众号、微信群,并互相连接、互相推动。微信矩阵能覆盖尽可能多的目标人群,以扩大品牌知名度。

可以首先借助微信大号进行推广,快速地提升企业的知名度和影响力。然后通过微信小号带大号和个性化签名的方式,利用 LBS(基于位置的服务)功能更容易被用户找到。借助活动推广来快速地增加用户数量。

3. 内容为王

只有好的内容才能吸引用户。有趣、实用、贴近用户生活,并满足用户分享时的赞同感和炫耀感的微信,必定受用户欢迎。

好的内容需要精心策划。微信文案首先要用一个吸引人的标题,内容有趣、有力、有个性,最好有用户互动内容。

发布时可以将用户分组,根据不同用户组的特点选择发布的内容和时机。

任务二　微信公众号打造

一、 微信公众号简介

(一)微信公众号发展

微信公众平台简称公众号,于 2012 年 8 月 23 日正式上线,曾被命名为"官号平台"和"媒体平台",可以把用户看到的精彩内容分享到微信朋友圈。微信公众号的推出成就了日后的咪蒙、新世相、十点读书等一大批自媒体人。

2013 年 8 月 5 日版本升级,微信公众账号被分成订阅号和服务号。其中订阅号主体可以是组织和个人,服务号主体则只能是组织。与此同时,订阅号消息被折叠,以至于我们现在要看到某个公众号的消息不能一次触达,而需要二次点击。

2013 年 8 月 29 日,微信公众平台增加数据统计功能,公众平台的用户以及阅读数据开始量化,主要包括用户管理分析、群发图文消息分析、用户消息分析,正式的数据统计从7 月 1 日开始算起。

2012 年到 2014 年年底,被认为是微信公众号红利期的上半场,一大批公众号从内容生产、微信营销走向内容变现和融资。

2014 年 7 月,微信公众账号总数达到 580 万,并且达到了日增 1.5 万个。

2016 年 4 月 18 日企业微信上线,可帮助企业连接内部、连接生态伙伴、连接消费者。

2017 年 1 月 9 日,微信小程序正式上线,是一种不用下载就能使用的应用。

(二)微信公众号分类

目前,微信公众平台共有四类账号:服务号、订阅号、小程序、企业微信(原名企业号)。

1. 服务号

为企业和组织提供强大的业务服务与用户管理能力,主要偏向服务类交互(功能类似

12315、114、银行,提供绑定信息,服务是交互的)。

适用人群:媒体、企业、政府或其他组织。

群发次数:服务号 1 个月(按自然月)内可发送 4 条群发消息。

2.订阅号

为媒体和个人提供一种新的信息传播方式,主要功能是在微信侧给用户传达资讯(功能类似报纸杂志,提供新闻信息或娱乐趣事)。

适用人群:个人、媒体、企业、政府或其他组织。

群发次数:订阅号(认证用户、非认证用户)1 天内可群发 1 条消息。

3.小程序

小程序用完即走,可以在微信内被便捷地获取和传播,同时具有出色的使用体验。

适用人群:个人、媒体、企业。

群发次数:没有主动推送。

4.企业微信

企业的专业办公管理工具,提供免费的、丰富的办公应用,并与微信消息、小程序、微信支付等互通,助力企业高效办公和管理。

适用人群:企业、组织。

群发次数:无限次推送。

四种微信公众号产品的异同如表 5-1 所示。表格列出了订阅号、服务号、企业号和小程序的差别。可以看出,这四类产品在上线时间、适合人群、微信位置、消息频率、功能特色和使用定位等方面都存在差异。

表 5-1　四类微信公众号产品的异同

项　　目	订　阅　号	服　务　号	应　用　号	小　程　序
上线时间	2013 年	2013 年	2014 年	2017 年
适合人群	企业、组织、个人	企业、组织	企业、组织	企业、组织、媒体
微信位置	折叠进"订阅号"列表 通讯录公众号列表	微信消息列表 通讯录公众号列表	微信消息列表 通讯录企业号专栏	微信发现最下方
消息频率	每日 1 条消息	每月 4 条消息	无限推送	无主动推送
接口权限	部分接口	全部接口、微信支付	部分接口	
功能特色	信息传播、媒体资讯、品牌宣传	服务、商业	关注限制,需邀请用户才能关注	无须下载、用完即走的类 App 服务
使用定位	做媒体的,想宣传和传播就选我	客户服务,商品销售,舍我其谁	我是你的内部办公及沟通管理小棉袄	做一些用户不经常使用,但是刚需的工具

(三)微信公众号价值

微信个人号可以建立个人品牌、促进产品销售、维护客户关系。微信个人号营销是一种点对点营销,可以为目标人群提供更持续、更精准的服务,并在服务基础上做一定程度的口碑传播。

微信服务号主要偏于服务交互(类似银行和 114,提供服务查询),认证前后都是每个月可群发 4 条消息。

企业微信号能够促进信息传播、进行品牌宣传、开展客户服务、进行市场调研,从事电子商务、使用 O2O 模式开展营销活动。

微信小程序开发门槛相对较低,难度不及 App,能够满足简单的基础应用,适合生活服务类线下商铺以及非刚需低频应用的转换。微信小程序能够实现消息通知、线下扫码、公众号关联等七大功能。

企业可以通过公众账号平台进行自媒体营销活动,即一对多的媒体性活动。借助微信公众平台的价值,结合客户的需求提供相应的服务。

二、微信公众号开设

(一)个人微信公众号注册

(1)打开微信公众平台官网(https://mp.weixin.qq.com/)。

(2)点击右上角"立即注册",填写基本信息:登录你填写的邮箱,查看激活邮件,填写邮箱验证码激活。

(3)选择账号类型,个人只能选择"订阅号"或"小程序"。

(4)选择个人类型之后,填写身份证信息。

(5)填写账号信息,包括公众号名称、功能介绍,选择运营地区。

(6)注册成功。

(二)企业微信公众号注册

企业公众号开设的流程与个人公众号是一样的。

(1)打开微信公众平台官网(https://mp.weixin.qq.com/)。

(2)右上角点击"立即注册",填写基本信息。

(3)填写邮箱,登录您的邮箱,查看激活邮件,填写邮箱验证码激活。

(4)了解订阅号、服务号和企业微信的区别后,选择想要的账号类型。

(5)信息登记,企业类型请选择企业。

(6)选择企业之后,填写企业名称、营业执照注册号,选择注册方式。

(7)注册成功。

企业的订阅号、服务号和企业微信的界面如图 5-7 所示。

(三)微信公众号的基本设置

1. 微信公众号名称

名称是用户识别公众号的主要标志之一,也是直接与公众号搜索相关联的关键部分。

公众号名称要简明,对于品牌知名度高或多品类企业,推荐使用品牌名,如优衣库、茵曼。对于品牌知名度一般或单品类企业,推荐使用品牌名+品类名,如××美妆、××文具。公众号名称避免有服务号、公众号、公司、有限公司等过于官腔的字眼。公众号名称

图 5-7　订阅号、服务号和企业微信

支持修改。

2. 功能介绍

功能介绍可以是企业介绍、品牌介绍、产品介绍等,是浏览者决定是否关注公众号的重要依据。

图 5-8　中央电视台公众号的
功能介绍

功能介绍每月可修改 5 次,字数限制在 4～120 字,确定不修改后,需通过审核才能显示(一般审核时间 3 个工作日)。图 5-8 是中央电视台公众号的功能介绍。

3. 公众号回复

公众号回复主要包括被关注回复、关键词回复、收到消息回复。

(1)被关注回复:用户关注公众号时弹出的欢迎界面。

(2)关键词回复:用户输入特定关键词时收到的回复。

(3)收到消息回复:收到用户发送的消息时的回复。

回复形式为文字、图片、音频、视频,风格要轻松、拟人化,先打招呼再介绍产品或服务,然后引导互动。

比如完美日记美妆实验室的被关注回复。首先打招呼,之后介绍福利,附上领取福利的链接,引导用户点击互动,如图 5-9 所示。

4. 菜单设置

设置菜单时主要关注以下几点。

（1）用户最常使用的公众号功能是什么？将这些功能放置到菜单中。

（2）我们最想让用户使用的公众号功能是什么？将这些功能放置到菜单中。

（3）最重要的功能放中间，次重要功能放左边，剩余功能放右边。

（4）最重要的功能一般不设置子菜单，以方便用户点击使用。

（5）使用公众号自带的菜单分析功能，通过数据来优化菜单。

完美日记公众号的一级和二级菜单如图 5-10 所示。

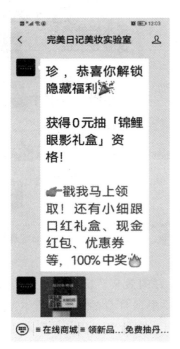

图 5-9　完美日记的被关注回复

图 5-10　完美日记公众号的一级和二级菜单

三、微信公众号文案

（一）文案选题

选题是打造高质量文案的第一步，选题过程一般分为触发灵感、确定选题。

1. 触发灵感

可以从以下几个渠道挖掘选题灵感。

（1）主流社交媒体平台，比如微博热搜、头条热榜、百度热搜。

（2）关注优质内容平台的信息。

（3）关注朋友圈里的刷屏文，多看爆款文章。

（4）将高阅读量、高转发量的文章链接整理起来，形成优质内容资源库，并进行分类整理。

2. 确定选题

1）常规选题

常规选题是围绕产品本身的内容定位,为用户提供有价值的、能解决实际问题的内容。常规选题不受热点的影响,可以提前做好规划。

例如,某倡导专业健康生活方式的公众号,它的常规选题主要围绕人体主要器官的生理现象问题,从"是什么""为什么""怎么办"来选题,如图 5-11 所示。

"玩水好处多多"是从"是什么"来选题。

"小孩可以喝运动饮料吗"是从"为什么"来选题。

"夏天脚臭怎么办"是从"怎么办"来选题。

对于垂直领域的公众号,首先要全面梳理整个产品或服务的功能和功效,然后有针对性地写常规选题。

2）热点选题

热点选题是用户当前关心的话题,能帮助公众号提升阅读量。

热点又可以分为常规热点和突发热点。

（1）常规热点。常规要点是能够提前预测的热点,比如"双 11"、元宵节、春节等。这类热点的写作可参照常规选题。

图 5-11　某公众号的常规选题

（2）突发热点。如果能够追热点得当,会取得良好的效果。因为突发热点来去很快,要快速反应。选择突发热点时,要巧妙借势,还要根据自身的公众号定位,突出差异化内容。如"突发! 这一机场启用! 这座国务院评出的'历史文化名城',海子曾为其写诗"就是一个典型的突发热点选题。

（二）内容框架搭建

文案框架通常有 3W 结构、SCQA 结构、金字塔结构、故事文结构。

1. 3W 结构

3W 结构即 What 是什么、Why 为什么、How 怎么办,适用于指导人们解决问题的文案。

某大众键康媒体类公众号的这篇"很多人瘦不下来,是因为在同一件事上反反复复"文案是典型的 3W 结构。

首先,提出 What：减肥不成功……

其次,分析 Why：是因为在坚持这件事上……

最后,给出解决方案 How：联合帮 30 万人瘦身成功的老师打造了一个网上健身房,如图 5-12 所示。

2. SCQA 结构

SCQA 结构即 Situation（情境）、Complication（冲突）、Question（问题）、Answer（答

案)。这种结构的文案更有画面感,能够引起用户共鸣,适合销售类文案。

比如,募格学术公众号的"你还搞不定的傅里叶变换,隔壁小师妹5小时就学会了"文案就是典型的 SCQA 结构,如图 5-13 所示。

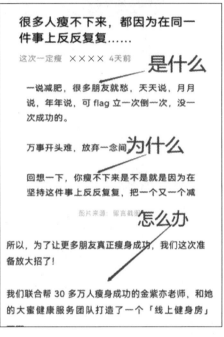

图 5-12　3W 结构推文

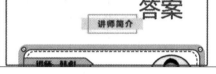

图 5-13　SCQA 结构

首先,描述 Situation(情境):傅里叶变换是数学领域最深刻的见解之一。

其次,提出 Complication(冲突):然而在我们学习过程中总是会面临大量枯燥的数学公式,要做到学以致用就更难了。

再次,提出 Question(问题):我们能否除去那些复杂的数学公式,从简单的概念去理解它,然后再轻而易举地应用呢?

最后,提出 Answer(答案):邀请博士带来学习课程,顺势推出了收费课程。

3.金字塔结构

金字塔结构由论点、分论点、论据组成,层层展开,有理有据,常用于推销产品类文案。

以某公众号的一篇推文"不到 30 块的电动牙刷!温和不伤牙,从小用到大"为例。对于这款电动牙刷,它是分为"柔和低振动""性能好耐用"和"功能强省心"三个论点来论述的,每个分论点又有若干论据支持,如图 5-14 和图 5-15 所示。

比如论点"功能强省心",它列出了"LED 观察灯""两分钟自动停""手柄防滑"三个论据。

4. 故事文结构

故事文结构与记叙文相似,一般包括起因、经过和结果。可以像电影一样来写,浏览者的戏剧性和沉浸性会更强。

比如"英雄之旅"故事文可以简化为三幕式:开始—对抗—结局,也可以按照叙述故事常用的框架,把故事嵌入,如图 5-16 所示。

"英雄之旅"是一个关于人挑战自我获得升华的概念,是从神话故事中提炼得到的,它顺应听众内心的"情结"和经历,从而组建了一个好的故事。

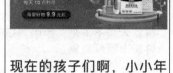

图 5-14　电动牙刷推文

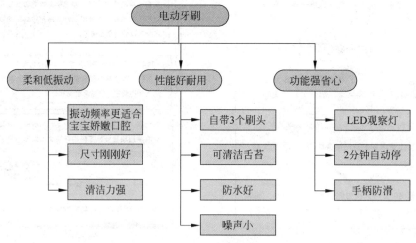

图 5-15　金字塔推文解析

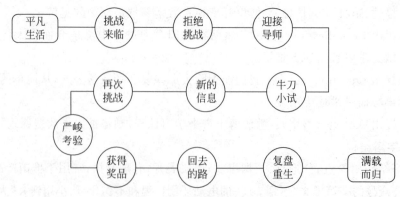

图 5-16　"英雄之旅"故事文结构

它的故事结构分为十二个阶段：①处在平凡世界中的英雄；②收到了挑战；③尽管开始不情愿甚至拒绝召唤；④但平静的生活却被打破了，之后受到导师的激励；⑤勇于跨入非凡世界的第一道门槛；⑥在外面的冒险中，他受到重重考验，并且结识了一起拼搏的伙伴；⑦最后随着冒险深入，英雄到达了最深处的洞穴；⑧在这里，英雄受到了生死的考验，这是整个旅程的最低谷，强大的敌人完全占了上风，所有的希望都已丧失，英雄处于绝望的境地，但是同时，主人公的英雄本色开始显示出来；⑨通过努力，大功告成获得奖品之后；⑩英雄可以选择是否重返平凡世界；⑪历经重生；⑫升华了的英雄带着造福平凡世界的万能药或财富归来。

（三）文案撰写

文案写作的关键是要写好标题、开头、正文和结尾。

1. 打造爆款标题

（1）蹭热点。结合最新热点事件、节假日、季节等，内容具有时效性，容易吸引眼球。例如，小日日学姐的这篇"七夕攻略，能不能让女孩子开心，就看这一次了"，就是蹭七夕的热点，促销"包包、粉丝绒、珍珠项链"等七夕礼物。

（2）利益相关。写与受众利益相关的标题。例如，"每月新车，留言有奖"，介绍每月新车资讯，给爱车人士带来一定福利。

（3）用数据突出差别，营造可信度。例如，"他16岁上大学，博士毕业仍就职母校，37岁成为校长"，用数据16岁、37岁来吸引眼球。

（4）借势名人、胜地、著名事件。例如，"50%以上的儿童近视，伊利、君乐宝、澳优等中添加的它。"借势伊利、君乐宝、澳优等知名品牌，引起读者的兴趣，增加读者的信任度。

（5）揭秘、探究式标题。例如，"30年后中国剩多少人？联合国给出最新数据……"引发人们的好奇心。

2. 写好开头

万事开头难，标题能够引导消费者点击，点击后能否吸引消费者继续看下去，就要看开头的好坏。

开头一般有以下五种写法。

（1）承接标题式。当标题成功吸引粉丝点击时，承接式标题来解释或延续这种好奇。如"美团司机：我这3个月不跑滴滴了！"，文章的开头是用跟司机聊天的对话作为标题的承接：这是今天我坐上美团专车后，司机跳出的第一句话，他面带喜悦，感觉是遇到了什么好事。

（2）表达观点式。先将自己的观点表达出来，要么搞笑幽默，要么观点犀利，以此来吸引粉丝阅读文章。科研圈的"陈慧祥导师陈涛被美国计算机协会除名"，在推文的开头写道：不端行为，陈慧祥导师陈涛被美国计算机协会除名，直接表达了自己的观点。

（3）唠嗑式。先写自己的近况或做的事，以拉近与粉丝的距离，提升粉丝对推文的认同感。

（4）问题式。首先提出问题让读者思考,引发读者的好奇心,读者带着问题阅读下去。一篇介绍现在大城市一些年轻人不作为现状的推文,在开头写道:他们为什么选择"躺平"呢? 提出了问题。

（5）场景式。开头写一段与读者相似的场景,让读者感同身受,产生心理上的认同感,从而引导读者继续读下去。比如一篇"关于如何解决睡眠问题"的推文,开头是这样写的:"失眠、多梦、易醒、睡眠质量差,大家都有过眼睛瞪得像铜铃,翻来覆去到天明的经历吧",对失眠场景的描写,让有过失眠经历的读者产生很强的认同感,进而继续阅读下去。

3. 撰写正文

写好正文要做到以下三点。

1) 说清楚

正文要把话说清楚,不能让读者不知所云,不知道作者在说什么? 如某家超市利用节日举办优惠活动,文案是"三八女人节,给您神秘大礼",就没有说清楚,不如直接写为"三八女人节,到店即送花王1 000mL洗衣液一瓶",让人一目了然。

2) 说人话

就是站在读者的角度,思考应该怎么写才能让用户理解和接受,而不是为了创意而创意。让文案"说人话",并不是只把华丽费解的句子改得平白朴实,而是想办法提高文案的"内容价值",让文案变得"有内容",能够像一个有趣的人一样,通过聊天引发好奇、表达态度、提供信息。

美丽说HIGO推文在修改前是这样写的:"花同样的钱,买来更时尚的潮品,美丽说HIGO不只是帮你购物,更是帮你选择最时尚的搭配",语气内容平淡,很难出彩。

修改后是这样写的:"为什么有的人,每个月花5万元买衣服,仍然看起来很土,美丽说HIGO不只是帮你购物,更是帮你选择最时尚的搭配"。

修改后的推文明显更有内容,更容易引起人的好奇心和关注。

3) 有观点

文案内容还要有观点。很多文案很啰嗦,堆砌了一大堆别人的说法,这也可以,那也行,就是没有自己的观点,或者表达观点时含糊不清,这会让读者感到失望。文案里没有观点,就成为流水账。要通过细节产生画面感,便于抒情,还要直接表达观点,便于读者产生印象和记忆。

推文"收到录取通知书怎么发朋友圈",针对收到心仪的高校录取通知书之后明确提出"每个人都有激动的理由和自由,所以,晒晒朋友圈,很有必要",让读者印象深刻,想接着读下去。

4. 写好结尾

结尾有七种常见写法:总结法、呼吁法、引用法、用户互动、投票法、延伸推荐和神转折,如图5-17所示。

1) 总结法

用于记叙文和方法工具类的推文,是对主题和内容的总结和回顾,有利于读者回忆起前面的内容,加深印象。比如艾灸5555的一篇推文,主要介绍儿童脾虚缘由、症状及治疗

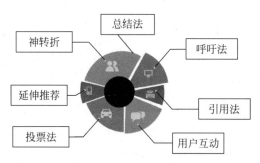

图 5-17　公众号推文结尾七法

等。在推文最后有一节用"说在最后"进行总结,以便读者总结回忆,加深印象。

2）呼吁法

呼吁法主要用于议论文和抒情文,在结尾进行呼吁,将主题升华,获得读者的认同。

例如,广东普法的推文"近十年'最冷冬至'!广东还会冷下去吗",结尾这样呼吁道:"天气寒冷,如遇险情,低温条件下救援、处置冻伤和失温,这些事项请注意",如图 5-18 所示。

图 5-18　呼吁法结尾

3）引用法

如果实在不知道怎么结尾,可以用引用法,如一句鸡汤文或幽默文。引用的素材最好能让读者引发共鸣。

4）用户互动

用户互动是提出一个问题让读者在推文留言区回答,或者给一项任务。如"你遇到过的最奇葩的事是什么?"

5)投票法

投票法也是一种与读者互动的方法,设置得当,能增加读者的兴趣,提高公众号的黏性。作者也能直观地看到读者的态度。比如某篇推文最后推出一个投票:"看完这篇推文,你的感觉是",之后给出了三个文字选项,读者可以轻松地参与投票活动,并查看结果,互动体验良好,如图5-19所示。

图5-19 公众号推文投票法结尾

6)延伸推荐

用于文末推荐和本文主题相同的文章。既可以加强公众号好感,还可以给推文带来新流量。

7)神转折

这样的结尾会让文章变得活泼有趣,更易被记住。

任务三 微 信 运 营

微信运营指建立个人微信和微信公众平台,通过微信跟用户达到沟通的运营过程。具体过程包括通过微信连接消费者,建立关系;维护关系,强化消费者对品牌的认可和忠诚度;之后互动促成商业变现。

微信运营其实就是做好以下三个方面的内容。

(1)精准定位:塑造品牌形象,吸引消费者。

(2)内容运营:产出优质内容,留住消费者。

(3)用户运营:强化关系变现,服务消费者。

一、微信公众号定位

微信公众号定位的主要流程包括行业分析、用户分析、价值定位和风格定位。

(一)行业分析

行业分析是分析公司所处行业的整体市场情况、竞争情况及领先者的情况;以及公司的目标市场、生产和经营模式、主要产品、市场份额等。

常见的分析工具有 PEST 方法、SWOT 模型和波特五力模型。

（1）在 PEST 方法中，P 是政治（politics），E 是经济（economy），S 是社会（society），T 是技术（technology），PEST 方法通过大的环境判断行业情况。

（2）在 SWOT 模型中，S（strengths）是优势、W（weaknesses）是劣势、O（opportunities）是机会、T（threats）是威胁，SWOT 模型通过分析寻找自身的发展方向。

（3）波特五力模型分析现有竞争者、潜在竞争者、上游供货商、下游客户以及公司自身产品的可替代性等，找出影响行业发展的五种力量。

（二）用户分析

可以通过内部收集、同行交流、资料分析来获得用户人群、用户特征、用户画像。分析的维度包括用户需要什么、喜欢什么、在意什么、烦恼什么、交流什么（表 5-2）。

表 5-2　用户分析维度

分析维度	举　　例
需要什么	优衣库公众号的图文推送主要以活动信息、新品上架为主，因为品牌知名度高，受众极多（购买需求明显），所以用户最需要及时知道优衣库的活动及产品信息
喜欢什么	找热点是新媒体运营的常态工作，因为用户喜欢关注这些热点消息，包括娱乐八卦
在意什么	纸尿裤早期的产品卖点为方便，但市场反响平平，将卖点更换为舒适健康后，市场却热度高涨，因为纸尿裤的方便容易让人感觉主妇懒，而主妇在意自己贤妻良母的形象，所以对舒适健康更加在意
烦恼什么	游戏类公众号大多会推送大量的教程类图文，因为游戏用户都有这样的烦恼"不知道怎么玩好这款游戏"
交流什么	母婴亲子类的公众号大多数都做过有关宝宝的投票活动，效果非常好；因为母亲最热衷于交流分享自己宝宝的活动

 阅读链接

东莞市傻二哥食品有限公司的用户分析

东莞市傻二哥食品有限公司成立于 2008 年 11 月，是一家以生产花生炒货食品为主的企业，公司目前主要生产并经营"小酒花生"系列等食品，如图 5-20 所示。

为了彻底解决防伪难题，同时实现终端产品促销，傻二哥率先引进了扫码防伪营销系统，消费者拿到袋里的二维码卡片，扫码就能查询防伪信息，并且能参与领取红包等营销活动。

消费者扫码时，企业也能得到相关的消费行为数据、产品信息、用户信息等，用于用户分析。

首先，可以获取用户的昵称、地区等信息，为用户建立第一个维度的画像。而通过对不同产品、不同口味做流量标记，可以为用户添加标签，从而建立第二个维度的画像——口味，能实现"以口味为中心，凝聚粉丝"。以相关联的场景化活动为主，在版权允许的范

图 5-20　傻二哥食品的微信公众号

围内,设定相关的营销活动。从而逐渐完善用户第三个维度的信息——兴趣,公司发现许多观看体育赛事的人们会购买产品。

最终,傻二哥食品得到其用户画像:20～35 岁普通工薪阶层、加班多、爱旅游、玩游戏、看球赛、朋友多、爱骑行,进而有针对性地打造品牌性格,如图 5-21 所示。

图 5-21　傻二哥食品的用户画像

(三) 价值定位

在行业分析和用户分析基础,确定公众号的价值定位。

价值定位就是要清楚地定义目标客户,明白客户的问题和痛点,能够给出独特的解决方案,以及从客户的角度来看,这种解决方案的净效益。

价值定位要回答以下问题。

(1) 用户为什么要购买和使用我们的产品?

(2) 我们企业存在的价值是什么?

(3) 用户为什么要关注我们的公众号?

(4) 解决了什么问题可以使我们的用户体验会更好一点?

(四)风格定位

风格定位是指公众号应该拥有什么性格(鲜明化)、扮演什么角色(典型化)、贯彻什么价值观(匹配品牌信念)。

(1) 可以从用户角度定位:要与用户的理想人格保持一致。比如,小米手机面对中低收入年轻人,它提出了"小米,为发烧而生"的经典广告语定位。它的含义是:不是没钱买苹果,只是因为我是发烧友。

(2) 可以从产品角度定位:如 360 安全卫士的公众号,从产品角度定位,打造沉稳可靠的安全技术专家人设。

(3) 可以从竞赛对手角度定位:设计与竞赛对手差异化的风格。

二、 微信公众号内容规划

微信公众号定位之后,就要进行微信内容运营规划,主要包括栏目规划、内容管理规划、推送节点规划等。

(一)栏目规划

栏目规划是指根据账号定位和目标人群,确定公众号的栏目及内容。

如某高新产业园区公众号定位于为入驻企业和潜在入驻企业提供基础服务和增值服务,实现线上、线下相结合的多维度管理和营销。

为此,规划设计了公众号二级菜单栏目,如图 5-22 所示。

一级菜单:园区资讯、园区服务、会员中心。

二级菜单:园区资讯(包括园区介绍、政策资讯、关于我们);园区服务(包括园区专项服务、管理费交纳、预约维修);会员中心(包括我的会员、投诉建议、会员活动)。

(二)内容管理规划

内容管理规划即日常运营管理规划,包括如下内容。

(1) 内容更新。如政策资讯、园区活动,版块内容要保持定期更新。

(2) 每周内容推送。微信服务号每月可以推送 4 次图文信息,合理利用每月 4 次的推广机会,向微信会员推送符合阅读兴趣的内容,引导话题,增强互动。

(3) 互动管理。每天关注会员的互动情况,对会员反馈问题及时回复、跟进,定期举

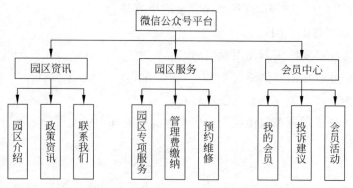

图 5-22　某高新产业园区公众号栏目结构图

办线上营销活动。

（4）数据监控分析。对后台数据进行定期分析,包括会员活跃时间及原因,会员增长数量及原因、相关话题浏览量分析、会员反馈问题、关键词筛选等,提供更有针对性的服务,以优质服务扩大微信平台影响力,达到口碑传播效果。

（三）推送节点规划

根据公众号定位,结合节日、热点事件等,制订日、周、月推广计划。每日推送时间一般在 7:00—9:00,11:30—13:00,18:00—20:00,22:00。

以一家生产小家电企业的公众号节日节点推送计划为例。

因为用户主要为家庭主妇,所以将公众号节日推送节点定为:妇女节、母亲节、七夕、国庆、春节,通过海报、TVC(以电视摄像机为工具拍摄的电视广告影片)、公众号图文、大V互动、线下快闪、跨界合作等方式在双微发声,达到品牌曝光和产品宣传的目的,最后实现销量转化,如图 5-23 所示。

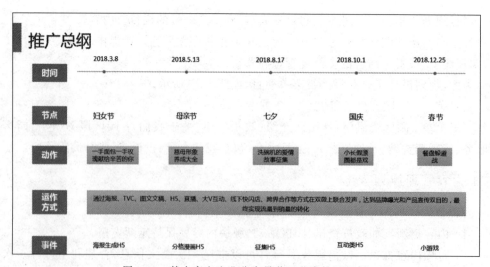

图 5-23　某小家电企业公众号节日节点推送规划

三、微信公众号用户运营

（一）微信公众号流量来源

微信公众号流量来源于线上场景和线下场景。

（1）线下场景包括扫码关注、支付后关注、关注领优惠券等。

（2）线上场景有如下几个。

① 微信文章搜索：用户在微信的搜索栏中搜索对应的关键词，如果你的文章标题或者内容包含对应的关键词，就会出现在结果页中。

② 微信公众号粉丝：当公众号推送了文章以后，如果标题能够吸引粉丝的注意力，他们就会进行阅读。

③ 微信朋友圈：文章被分享到朋友圈后获得的流量，这些不一定是目标用户。

④ 微信群：文章分享到微信群中，微信群的用户可以看到这一篇文章。

（二）微信公众号吸粉引流步骤

微信公众号吸粉引流首先要明确粉丝定位、粉丝渠道、关注动机和分享动机，之后整合企业资源引流。某进口婴幼儿奶粉的精准粉丝研究如表 5-3 所示。

表 5-3　某进口婴幼儿奶粉的精准粉丝研究

问　题	解　答
我的精准粉丝是谁？	怀孕期、哺育期的妈妈，年轻父母及其家人
他们有什么特点？	25～35 岁，极其关注怀孕及哺育资讯知识，注重口碑、产品安全
我的精准粉丝在哪？	医院、药店、母婴、家政机构（月嫂）、母婴论坛、母婴类商城 App、信息问答平台等
如何触达他们？	线下跨界合作、宣传广告、网络交流咨询（回帖、回答问题等）、平台合作
精准粉丝为什么要关注我？	领先试用、预览产品、购买产品、促销活动、售后服务、专家咨询、经验技巧
如何使精准粉丝愿意传播分享？	活动、高价值图文、分销、用户惊喜、社区社群等

在进行资源整合时，可以将企业拥有手机号码等资料的顾客信息进行整理，利用品牌个人号主动添加用户好友。品牌个人号多维度地去维护营销客户（通过消息推送、微信群、朋友圈），有意识地将用户沉淀至公众号（通过转发公众号消息、二维码、活动）。只要是能铺码的地方，就放公众号或企业个人微信号，如渠道场所、员工名片、宣传资料、官方网站等。

（三）微信公众号吸粉引流技巧

1. 地推引流

在精准用户聚集出没的地方进行地推，以开展赠送活动、发放宣传材料为主，来吸引用户关注；或者与客户群体相同的异业企业合作，如文具店与童装店合作、珠宝店与婚纱店合作等,互推引流。

2．渠道铺码

企业所拥有的合作直营商、加盟商、复合商、商超等终端零售渠道能接触到大量精准用户,可通过铺码的形式(易拉宝、X展架、海报、宣传单页等)植入渠道,借助渠道进行吸粉(企业这样的资源越多,效果越好)。

3．广告吸粉

可以通过公众号广告、朋友圈广告、社群广告或第三方广告吸引粉丝关注。

四、 完美日记微信运营案例

(一)案例背景

完美日记于2016年成立,其创始人黄锦峰是逸仙电商创始人兼首席执行官(CEO)、御泥坊前首席运营官(COO)。完美日记致力于探索欧美时尚趋势,同时结合亚洲人群的面部和肌肤特点,用心为新生代女性研发一系列高品质、精设计、易上手的彩妆产品。

2018年天猫"99大促",完美日记实现美妆行业销售额第1,超过了欧莱雅等大品牌。

2018年天猫"双11",仅开场1小时28分销售就破亿,成为天猫美妆首个成交额破亿的彩妆品牌。

2019年1月,完美日记在淘宝天猫美妆月销排行榜位列第7,紧随其后的是纪梵希、资生堂、韩后等国际大牌,是唯一进入TOP 10的本土品牌,打破了国际品牌的垄断地位。

自2017年8月开设天猫店铺以来,仅仅用了一年半的时间,完美日记就已成功跻身10亿＋的一线国货品牌行列,这主要归功于完美日记的网络营销,如图5-24所示。

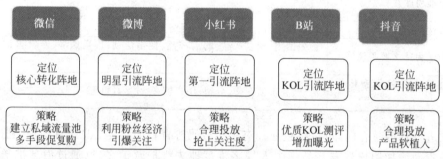

图 5-24　完美日记的网络营销矩阵

完美日记的网络营销体系包括微信、微博、小红书、B站和抖音,每种工具有对应的定位和策略。在微信营销方面,完美日记将其定位为核心转化阵地,主要采用微信公众号＋个人号＋微信群的方式,具体运营策略很有特色。

(二)线上＋线下引流

线下门店导流。完美日记已经在全国各地陆续开设了30多家线下体验店,未来三年全国将开设600家,线下每家店都会要求导购,通过优惠等方式引导用户关注完美日记的公众号、微信号。

快递导流。在线上电商渠道,用户购买了完美日记产品后,在产品包裹内将会附加一张红包卡。通过1～2元钱的购物红包,引导用户关注公众号、微信号。

(三)建立微信矩阵

由16个微信公众号组成微信矩阵,覆盖尽量多的用户,有专门服务粉丝的,有针对学生的,有提供美妆护肤指导的。其中,完美日记官方账号,预估粉丝数量百万个,头条阅读量10多万人次,平均在看3000多人次,如图5-25～图5-27所示。

图 5-25 完美日记官方账号

图 5-26 完美日记的新榜数据

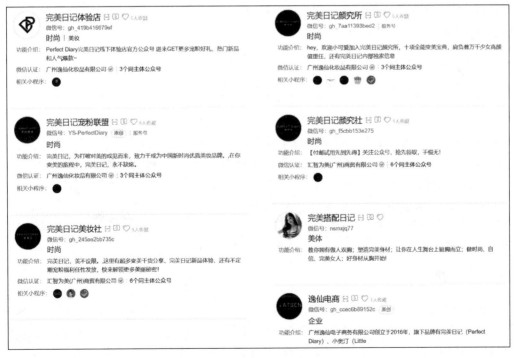

图 5-27 完美日记的微信矩阵

（四）打造私人顾问人设

完美日记专门打造了一个以"小完子"为人设的美妆、护肤顾问账号，而完美日记的粉丝群就叫"小完子完美研究所"。

完美日记专门找了一位高颜值女孩扮演小完子，以便拉近与用户之间的距离。目前以小完子为人设的微信个人号至少有 100 个，添加了几十万的用户为微信好友。而"小完子完美研究所"这样的微信群也有数千个。无论是微信群还是朋友圈，都是以"小完子"这个人设为用户提供服务。比如群内答疑、收集意见、朋友圈发布个人最新动态等。这不仅拉近了品牌与用户之间的距离，而且更加直观地展示了品牌的形象和产品。

（五）丰富的内容营销

完美日记公众号既有新品预告、美妆教程，也有产品评测、互动活动，群内每天定时有各种新品上架、折扣优惠等提醒。通过丰富的内容营销，完美日记微信群引导用户在"完子心选"这款小程序平台内直接下单购买。

任务四　微信生态矩阵

随着 2020 年微信视频号的推出，微信个人号、公众号、朋友圈、社群及第三平台等微信及相关产品已经可以形成从流量沉淀、运营，到商业变现、再激活的整个闭环，从而构成了微信生态系统矩阵。目前微信用户已经超过 9 亿，企业和商家纷纷布局微信生态矩阵以抢占市场。

一、微信生态产品

微信生态可以定义为连接企业与个人用户的平台。

微信生态由不同的功能组成，比如公众号、朋友圈、小程序等功能，同时微信又分为企业微信与个人微信。不同的功能模块相互打通，构建功能齐全的微信生态系统，如图 5-28 所示。

图 5-28　微信生态系统结构

简而言之，微信生态＝（公众号＋微信群＋朋友圈＋搜一搜＋小程序＋视频号＋微信支付）×（个人＋企业）。

（一）搜一搜

2019 年 12 月 11 日，微信宣布，微信搜索正式升级为"微信搜一搜"，搜索能力全面升级。用户可通过主动搜索关键词获得公众号、小程序、视频、直播、文章、问答、商品、游戏、百科以及医疗咨询等二十多种信息服务内容。搜一搜还整合了公众号文章，接入 ZAKER（扎客）、知乎、豆瓣等平台的内容资源。

搜一搜是微信生态的搜索入口,承接用户的主动搜索,是连接用户与品牌、内容、账号的桥梁。

例如,在微信搜一搜中输入"小米",结果中有小米微商城、小米公众号、小程序、视频号等,如图 5-29 所示。

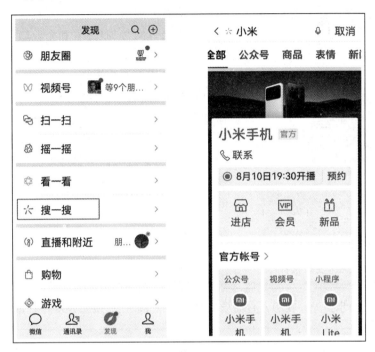

图 5-29　微信生态之搜一搜

（二）朋友圈

朋友圈是微信上的一个社交功能,用户可以通过朋友圈发表文字和图片,同时可通过其他软件将文章或者音乐分享到朋友圈。用户可以对好友新发的照片进行"评论"或"赞",其他用户只能看相同好友的评论或赞。

朋友圈不仅是私域流量中裂变分享的落地点与入口,也是品牌方广告投放的主阵地。更重要的是,随着企业微信运营的体系化,越来越多的品牌方开始一对一地为客户打造专属的朋友圈展示和人设。

（三）微信群

微信群是多人聊天交流的一个平台,可以通过网络快速发送语音短信、视频、图片和文字。用户可以通过微信与好友进行形式上更加丰富的、类似于短信/彩信等方式的联系,是可以直接触达的私域流量池,结合企业微信与朋友圈,品牌方可通过精细化运管实现用户复购、消费品类延展和用户忠诚度的形成。现在微信群的玩法非常成熟,其本质是一个流量池。

图 5-30 是一个业主微信群,微信群人数不得超过 500。

图 5-30　某业主微信群

（四）公众号

公众号可分为服务号、订阅号、小程序和企业微信，如图 5-31 所示。支持个人申请的只有订阅号，而且不支持开通微信支付。企业（含个体户或公司）等可以申请订阅号、服务号和企业微信，并且可以接入微信支付。

服务号给企业和组织提供更强大的业务服务与用户管理能力。订阅号为媒体和个人提供一种新的信息渠道。企业微信是专业办公管理工具。

公众号是品牌商微信生态品牌建设与内容营销的核心场景，也是承载消费落地的前置环节，运营手段最为成熟。品牌方可以将公众号打造为用户专属的信息平台。

（五）小程序

小程序是公众号的一种，是微信 2020 年及未来短期内较为重要的功能，其商业化逐渐成熟，入口不断丰富，开发包稳步扩充。在引入直播场景，打通朋友圈、搜一搜与公众号后，基础越发扎实。

图 5-31　微信公众号的四类账号

小程序全面开放申请后，主体类型为企业、政府、媒体、其他组织或个人的开发者，均可申请注册小程序。微信小程序、微信订阅号、微信服务号、微信企业号是并行的体系。

基于小程序，品牌商有了真正可以落地消费的场景。如果品牌方希望形成完整的私域商业闭环，小程序是绝对的不二之选。

（六）视频号

微信视频号是 2020 年 1 月 22 日腾讯公司官微正式宣布开启内测的平台。

以图片和视频为主，可以发布长度不超过 1 分钟的视频，或者不超过 9 张的图片，还能带上文字和公众号文章链接，且不需要 PC 端后台，可以直接在手机上发布。

视频号是微信生态最值得期待的方向之一，用户黏性好、广告收入高的短视频类应用的特点也可以复用在视频号上。微信视频号尚处于初级阶段，其核心壁垒在于优质内容的引入。

（七）微信支付

微信支付是腾讯集团旗下的第三方支付平台，以"微信支付，不止支付"为核心理念，为各类企业以及小微商户提供专业的收款能力、运营能力、资金结算解决方案，以及安全保障。用户可以使用微信支付购物、吃饭、旅游、就医、交水电费等。企业、商品、门店、用户已经通过微信连在了一起，让智慧生活变成了现实。

微信支付的应用场景包括刷卡支付、扫码支付、公众号支付、App 支付、小程序支付、刷脸支付、H5 支付，并提供企业红包、代金券、立减优惠等营销工具。

二、 微信生态闭环运营

（一）微信生态和消费者购买决策

消费者购买决策通常分为确认需求、收集信息、评估商品、决策购买和购后评价五个步骤，如图 5-32 所示。

微信生态能够通过公众号推送等功能，帮助消费者唤醒需求，通过搜一搜帮助信息收集和需求验证。小程序能将用户引流完成购买，并配合其他手段完成售后评价和拉新裂变。

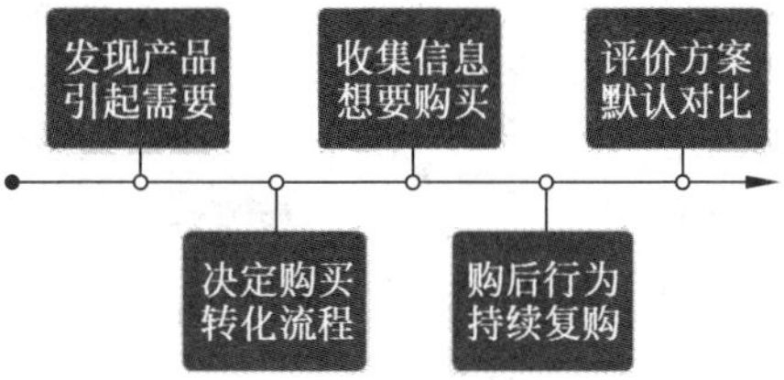

（二）微信生态闭环运营路径

图 5-32　消费者购买决策过程

微信生态闭环运营路径如下。

微信生态系统包括公众号、社群、企业微信、小程序、微信支付、第三方平台和自营平台等，小程序是转化出口，支付是变现工具。

用户可以经由电商平台到公众号，再到小程序转化支付；或者由自营平台到公众号，再到小程序转化；或者由线下到线上企业微信，经由社群，引入小程序转化。各条路径之间互相连通，如图 5-33 所示。

（三）微信生态运营模式

微信生态运营是通过沉淀、运营、变现、再次激活实现微信生态私域流量的闭环运营，通过拉新形成流量沉淀，会员运营推动运营和变现，会员服务及融合线下再次激活，共有十种模式，如图 5-34 所示。

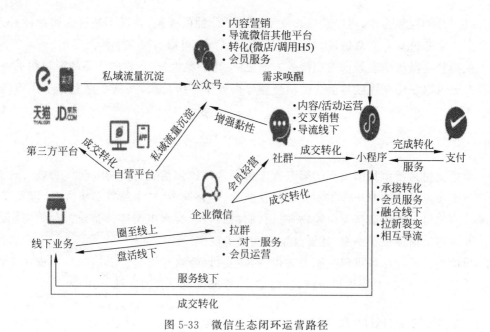

图 5-33 微信生态闭环运营路径

微信生态私域流量闭环：沉淀—运营—变现—再次激活

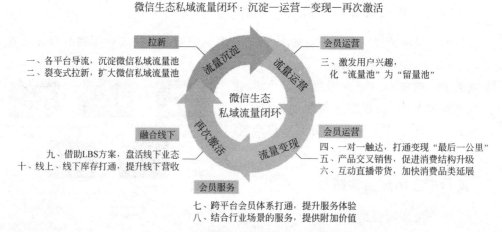

图 5-34 微信生态运营的十种模式

三、微信生态运营技巧

（1）在第三方电商、线下门店、官网等平台，商家可以通过售后扫二维码、产品防伪码、门店海报二维码等方式，向公众号、小程序或者企业微信导流；也可以让导购或店员直接添加用户的微信，向企业微信和社群导流，以此对微信生态进行流量沉淀。

（2）微信生态内的小程序、公众号、企业微信、社群等可以相互导流，最终将用户沉淀至公众号、企业微信和社群。

（3）采取当下热门的直播带货方式，结合社群或公众号的运营，吸引用户观看直播；在直播过程中，通过多品类组合推荐、绑定销售、赠品等形式，促进用户消费品类的延展。

（4）通过企业微信，一对一或按照标签分组，给用户发送限时的促销活动，将用户吸引至社群。通过社群的互动、优惠价格的吸引力和活动时间的紧迫性，让用户之间相互带动，推动交易的完成。

（5）微信各平台结合本身的特点，通过活动或内容持续激发用户的兴趣和新鲜感，以此留住用户、激活用户、增加黏性。例如，社群互动性强的话题和活动；小程序的新玩法；公众号的有奖互动、换购活动、干货内容等。

（6）基于 LBS 技术，线上线下打通。通过基于位置的社群，进行店内货品的实时推荐、群接龙活动、货品直播等引流。

四、 微信生态运营案例剖析

学术志是由名校博士创办的学术传播和学术教育平台，除了自媒体平台的学术分享，学术志也与多位讲师合作开发研究方法课程、考博辅导及学术论文写作等课程，可以看作一个知识付费平台。

那么学术志是如何进行微信生态闭环运营的呢？

学术志建立了由公众号、微信群、视频号、朋友圈、小程序组成的微信生态。利用微信生态实现流量沉淀—运营—变现—再次盘活的过程。

（一）拉新、引流实现流量沉淀

学术志通过朋友圈分享、微信广告等分享课程信息，引导读者关注公众号，开通会员、免费领课或者购买课程，如图 5-35 所示。

图 5-35　学术志拉新、引流

（二）会员运营实现流量运营

例如，引导会员扫码加客服人员，与客服进行一对一沟通交流，会员可以更加了解课程，做出购买决策，如图 5-36 所示。

图 5-36　学术志会员运营引流

（三）会员运营实现流量变现

例如，通过一对一沟通或微信群发链接，引导读者报名，扫码进入小程序付款变现，如图 5-37 所示。

图 5-37　学术志会员运营变现

（四）会员服务等再次盘活

通过朋友圈、会员微信群、一对一加微信等,经常发布新课信息,再次激发用户兴趣。

 思政小课堂

创 新 精 神

不慕古,不留今,与时变,与俗化。

——《管子·正世》

创新精神是指要具有能够综合运用已有的知识、信息、技能和方法,提出新方法、新观点的思维能力和进行发明创造、改革、革新的意志、信心、勇气和智慧。培养创新精神,对所学习或研究的事物要有好奇心,不迷信权威,大胆地怀疑,对学习研究的事物具有追求创新的欲望和冒险精神,并且要做到永不自满。

创新精神是经济发展的重要动力,可以帮助企业在激烈的市场竞争中保持领先地位,推动科技和社会的进步,帮助个人和组织更好地适应环境变化。

作为一个开放且包容的平台,微信生态圈中包含着各种各样的商业机会与创新可能,要充分利用微信平台,密切关注微信生态不断拓展的各种功能,大胆探索创新的微信营销模式,产生和传播更多优质内容。

 项目实训

一、理论知识实训

（一）单项选择题

1. 微信公众号平台中( )是为媒体和个人提供一种全新的信息传播方式,构建与读者之间更好的沟通与管理模式。

    A. 服务号   B. 订阅号   C. 小程序   D. 企业微信

2. 以下选项中不属于微信运营三种思维的是( )。

    A. 结果导向   B. 感性思维   C. 价值思维   D. 杠杆思维

3. 微信运营有很多必备的技能,下列选项中不属于必备技能的是( )。

    A. 沟通能力   B. 文案能力   C. 分析能力   D. 授权能力

4. 企业公众号首选( )作为公众号头像,降低认知成本,延伸品牌风格。

    A. logo型   B. 文字型   C. 卡通图像型   D. 角色形象型

5. 每个月只可群发4条消息的是( )。

    A. 订阅号   B. 服务号   C. 企业号   D. 小程序

（二）多项选择题

1. 微信营销常见的运营形式( )。

    A. 微商   B. 自媒体   C. 企业机构   D. 短视频

2. 企业大多以服务号为主,微信公众平台对企业的价值主要表现在( )。

A. 品牌宣传　　　　B. 商品营销　　　　C. 客户服务　　　　D. 渠道服务

3. 微信运营其实就是做好(　　)几个方面的内容。

A. 产品销售　　　　B. 精准定位　　　　C. 内容运营　　　　D. 用户运营

4. 微信生态体系包括(　　)。

A. 公众号　　　　　B. 搜一搜　　　　　C. 朋友圈　　　　　D. 视频号

5. 微信公众号文案写作的 3W 结构是指(　　)。

A. What　　　　　　B. Who　　　　　　C. Why　　　　　　D. How

二、综合能力实训

1. 每 3～5 人组成一个学习团队,成立虚拟公司,确定经营的产品或服务。

2. 公司计划开展微信运营,完成以下任务。

3. 采用 SWOT 分析公司开展微信营销的环境,选择微信营销策略,并将结果填入表 5-4。

表 5-4　SWOT 分析表

S		W	
O		T	
微信营销策略:			

4. 对用户进行分析,填写表 5-5。

表 5-5　用户分析表

分 析 维 度	分 析 结 果
需要什么	
喜欢什么	
在意什么	
烦恼什么	
交流什么	
我的用户是	

5. 公众号价值定位,填写表 5-6。

表 5-6　公众号价值定位表

问　　题	我 的 答 案
用户为什么要购买和使用我们的产品?	
我们企业存在的价值是什么?	
用户为什么要关注我们的公众号?	
解决了什么问题会让我们的用户体验更好一点儿?	
我的公众号的价值定位是	

6. 微信公众号的风格定位。

我的微信公众号的风格是:＿＿＿＿＿＿＿＿＿＿＿＿＿＿＿＿＿＿＿＿

7. 公众号菜单规划。

我的微信公众号的一级和二级菜栏如表 5-7 所示。

表 5-7　菜单规划表

一级菜单	二级菜单	内容简介

8. 开通微信公众号。

开通微信公众号(mp. weixin. qq. com),完成微信公众号名称、功能简介、关注时的回复、栏目菜单设计,写出推广引流计划,并填写表 5-8。

表 5-8　微信公众号设置

公众号名称	
功能简介	
头像	
关注时的回复	
推广计划	
公众号二维码	

短视频推广

学习目标

知识目标：掌握短视频营销的特征，熟悉短视频营销的实施策略。

能力目标：能够根据产品特点和目标人群制订短视频内容，维持粉丝。

素质目标：培养对热点内容的跟踪和把握，能够结合热点制作内容。

思政目标：弘扬社会主义核心价值观。

知识思维导图

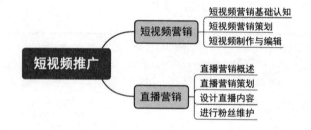

**引导案例**

vivo 20亿福利直播进行中每天都有新花样

直播带货是2020年最火爆的卖货方式了，在进入双十一促销季后，直播依然是大家看好的促销方式。vivo在这次双十一中，就大秀了一把直播促销。从10月30日至11月13日，vivo iQOO 20亿福利嗨玩直播活动持续进行中，每日在vivo官方直播间都有大牌主播驻场，并且各种优惠福利不断，让消费者可以在第一时间就享受到优惠的购买方式。

在10月30日的首场直播活动中，罗永浩的带货大讲堂已经在抖音直播间抢先启动，本场直播的气氛相当火爆，为vivo在双十一期间的直播优惠活动取得了开门红。而后vivo的直播活动也不停歇，每天都有大牌主播为消费者带来福利活动。其中下面的几场直播活动，更是vivo铁粉们不容错过的。

11月6日，苏宁vivo官方旗舰店直播间和vivo京东自营官方旗舰店直播间，脱口秀女王杨笠和KPL（王者荣耀职业联赛）选手西安WE.Best将会分别现身，杨笠会带来高能福利,KPL 选手西安 WE. Best 为大家准备了峡谷福利,喜欢脱口秀或电竞的用户不容错过。

而 vivo 高层在这次活动中也纷纷亲临现场,11 月 2 日、6 日、8 日、10 日四天,iQOO 中国市场总裁冯宇飞现身 vivo 官网、京东、天猫、苏宁官方旗舰店直播间,为大家带来福利之战 iQOO 总裁 vs KPL 王者。11 月 9 日,vivo 电商推广部总经理张鹏飞也做客 vivo 官网、京东、天猫、苏宁官方旗舰店直播间,带来多款机型的限时超值价,想要低价捡漏,本场直播必须不能错过。

vivo iQOO 的产品经理在本次直播中也毫不示弱。在活动期间进行了大量的直播活动,为消费者深度解答 vivo 手机产品打造背后的故事,专业解密手机的特色技术原理,并且还带来 vivo 品牌在双十一期间不容错过的产品。不仅如此,由一霖、李政、姚念、曾锐、李玲、一璇、傅迪、曾慧组成的金牌主播团不间断登场,在 vivo 直播间将每日钜惠及时与大家分享。

（资料来源：https://www.sohu.com/a/429215964_120877592.[2023-10-9].）

任务一 短视频营销

假设你和同学毕业后创业,计划成立一家电子商务企业,你将如何开展短视频营销?

一、短视频营销基础认知

(一)短视频营销概念

短视频是一种视频长度以秒计,主要依托于移动智能终端实现快速拍摄与美化编辑,可在社交媒体平台上实时分享和无缝对接的一种新型视频形式。

短视频营销就是企业和品牌方借助于短视频这种媒介形式用以社会化营销(social marketing)的一种方式。

(二)短视频特点

1. 生产流程简单化,制作门槛更低

传统视频生产与传播成本较高,不利于信息的传播。短视频则大大降低了生产传播门槛,即拍即传,随时分享。短视频实现了制作方式简单化,一部手机就可以完成拍摄、制作、上传、分享。目前,主流的短视频软件添加了现成的滤镜、特效等功能,使视频制作过程更加简单,功能简单易懂,软件使用门槛较低。

2. 符合快餐化的生活需求

短视频的时长一般控制在 5 分钟之内,内容简单明了。现在快节奏的生活使得用户在单个娱乐内容所占的时间越来越短,短视频更符合碎片化的浏览趋势,充分利用了用户

的零碎时间,让用户更直观便捷地获取信息,主动抓取更有吸引力、有创意的视频,加快了信息的传播速度。

3．内容更具个性化和创意

相比文字,视频内容能传达更多、更直观的信息,表现形式也更加多元、丰富,这符合了当前"90后""00后"个性化、多元化的内容需求。短视频软件自带的滤镜、美颜等特效可以使用户自由地表达个人想法和创意,视频内容更加多样,内容更加丰富。

4．社交属性强

短视频不是视频软件的缩小版,而是社交的延续,是一种信息传递的方式。用户通过短视频拍摄生活片段,分享至社交平台,短视频软件内部也设有点赞、评论、分享等功能,短视频信息传播力度强、范围广、交互性强,为用户的创造及分享提供了一个便捷的传播通道。

二、 短视频营销策划

（一）挖掘细分市场

垂直化短视频内容专注细分领域,具有更高的辨识度、更专业的内容、更强的IP属性,能够帮助品牌精准找到目标受众,激发新的销量增长点。

在移动互联网时代,每一个人都是一个独立的世界,而独立人格的重聚也会形成多元化细分族群,这也让很多垂直化短视频营销的价值凸显。对于品牌而言,垂直化的内容能够精准直击目标受众,深入垂直市场,巧用垂直内容打造高品牌形象,能帮助品牌在最短的时间找到目标受众,完成品牌与受众的无缝对接,激发新的销量增长点。

（1）场景关联:越细分、越具体的生活场景或者使用场景,越能让用户快速找到产品的卖点。小场景往往更能快速传递大需求。

（2）生活方式打造:品牌除了塑造品牌形象之外,要能够应用短视频打造一种让用户愿意追随的生活方式。例如,营造美好的生活氛围,打造品质生活空间,传递品牌的调性,让用户产生共鸣。

（3）话语风格匹配:寻找人群吻合、气质搭调的成熟垂直化内容进行品牌植入。例如,利用短视频达人的内容表达特点,并和品牌的调性相结合,与消费者进行深度对话。

例如,携程旅行聚焦年轻人和旅行圈层,在十一国庆这一黄金节点,联手抖音打造"FUN肆之旅,游抖一下"旅行季活动,基于旅行内容,与用户互动,引领"短视频＋旅行"全民种草新模式。

（二）制作精品内容

短视频内容已成为用户获得消费、生活方式的灵感和启发的来源。用精品内容为消费者打造美好生活方式,从而形成消费者对品牌从"认知"到"认可"的转化。

1．精品内容让人们感知更好的生活方式,激活消费需求

随着移动互联网时代带给媒体的变革日益加剧,用户再也不会毫无条件地为内容买单。用户对内容的消费也在不断升级,精品内容能提升用户对产品的偏好度、品牌体验

度、品牌价值认同、消费信心,最终帮助消费者通过好内容感知到好的物品、产品和美好的生活方式,提升精神层面的愉悦感。

2.品牌精品内容营销的路径

品牌精品内容营销要求有更加立体地驾驭内容资源的能力,从如何展现品质感、提升体验感以及提高品牌内容分发能力,形成一个新的内容营销循环,打造品牌内容营销的三维空间。

(三)善用新兴技术

技术创新已成为营销新引擎,应用短视频平台的智能技术,不断优化用户的互动体验升级,为品牌合作提供更多创新营销想象力。

短视频平台通过自身技术优势,不断开发适用于营销的技术产品,激发更多创意表达的内容互动方式,比如创意定制贴纸、BGM(背景音乐)创作互动等新技术和新体验,通过场景化的植入,为用户提供更为丰富的互动形式,在提升用户的美好体验,驱动用户参与创作的同时,也为品牌合作提供更多创新营销想象力。

例如,为推动 vivo X21 魅夜紫新配色上市,vivo 联合抖音打造了一场好玩炫酷紫色派对,出奇制胜,惊艳用户目光。vivo 通过抖音 AI+彩妆技术的合作,最大化地释放彩妆魅力,让用户在互动体验中深刻直观地感受 vivo 产品的独特魅力和卖点。活动参与人数达 14.6 万,实现互动 2 871 万次。

(四)发挥"达人效应"

在移动互联网时代,用户注意力比较稀缺和分散,明星达人自带粉丝和流量,因此,借助明星达人的资源能够放大品牌声量,优化品牌营销价值。

明星就是关注点,有关注点就有流量,有流量的地方就有品牌曝光。在抖音上,明星达人能够帮助品牌大大提升内容曝光度,加速完成前期启动。明星达人自带粉丝、自带流量,更符合年轻人的认知模式,形成品牌圈层信任,因此,聚拢"达人资源",通过短视频话题发酵,实现病毒式营销是最见成效的营销方式。

明星达人作为活动发起者和早期引领者,通过 PGC(专业生产内容)持续发酵,实现多圈层的传播和覆盖,并通过明星达人的引领示范,激发更多用户的参与,提升传播裂变的效率。

iiMedia Research(艾媒咨询)数据显示,52.5%消费者偏好明星代言/网红推广的营销方式,50.7%消费者偏好短视频植入的营销方式。好的营销会利用一些名人以及社区意见领袖。

例如,皇室战争通过挑战赛的互动模式提供用户创作的参与渠道,通过豪华的 KOL 阵容号召,持续为挑战赛增加热度与参与量,实现品牌与用户的创意沟通,19 个抖音头部 KOL 联合发布对战视频,有超过 3500 万的观看频次和超过 180 万的点赞数。同时,这种趣味模式吸引了用户高质量地参与视频,超过 17 万人参与了挑战,包括很多抖音大咖也自发地参与。

（五）构建自媒体营销生态

品牌阵地发挥内容聚合、粉丝留存、流量承接、数据管理的阵地，是企业短视频营销必备的管理阵地，依托阵地的产品聚合，将源源不断为营销带来持续的转化机会。

经营营销阵地是读懂平台、沟通用户的必经之路，也是时刻洞察平台和用户的桥梁，借助平台对阵地的产品支撑，企业可以实现高效营销转化的目的。

在巨大的流量面前，品牌的每一次营销活动不应该是孤立的，而要试图把品牌好的内容逐渐沉淀下来，因此，要建立品牌营销自有主阵地，让品牌每一次的广告投放相叠加，通过品牌阵地把好的内容集中呈现到消费者面前，延续优质内容的生命力，并进行粉丝资产积累。

（1）提升品牌黏性：品牌可以在主页开放粉丝评论互动，与粉丝展开交流，良好的互动关系可以维持稳定的粉丝基础，为后续传播提供活跃用户基础，从而更大化提升用户品牌黏性。

（2）吸引粉丝：长期持续的品牌内容，展示自己的品牌特性，吸引潜在粉丝。

（3）提升传播效果：品牌可以突出展示自己想要展示的内容，达到品牌想要的传播效果。

三、 短视频制作与编辑

（一）方向选择

短视频发展至今，已经开始朝着垂直化、专业化的方向发展了。所以，当我们切入短视频时，第一个需要思考的是要选择什么样的内容，只有这样才能在这个领域发展下去。在这个问题上，应结合自身的资源、兴趣、产出、变现等角度选择视频的内容。第二需要确定拍摄的视频主题是什么（一定要认真对待，不可随意），视频的拍摄风格要独特、有创意，用户喜欢接触新鲜事物，我们表现得一定要专业，以创造良好的用户体验，否则视频的质量达不到平台的要求，也不会给推荐，使我们享受不到该有的权益。

（二）内容及文案策划

在拍摄前期，短视频每一集都要提前策划，比如主题的拟定、风格的设定、内容环节的设计、视频时长的把控、脚本的编写是视频创作中最核心重要的一环，往往决定着整个视频的方向和灵魂。整个环节主要由编剧和其他一些相关的人员一起参与完成。

如果你是刚开始起步，可以结合你想拍的内容，思考可以用什么样的方式将所想展示和表达出来，当你没有思路时，可以观察身边的日常生活，或者参考优秀的案例，思考有什么可以挖掘的点。

如果你是一个成熟的团队，则需要在原来团队的基础上，不断地进行优化和创新，做出高质量的、有吸引力的作品，其中也包括题材的规划调整、商业的链接等，这些都是要考虑的因素。

（三）拍摄

当所有的前期工作都准备好后,接下来就是直接拍摄视频了。那么如何拍摄呢?用到什么工具? 最简单的工具就是手机了,要想更专业一些,可以考虑摄像机,为了保持拍摄的稳定,可以考虑添加一个三脚架,用于固定设备防止画面抖动。如果是真人出镜,要表现得大方得体,以便给用户留下好的印象。

（四）视频后期

当视频拍摄好之后,需要做的就是后期剪辑,最主要的就是画面处理和声音处理。Premiere Pro 用来剪辑短视频、Photoshop 用来做封面和 logo、After Effects 用来做短视频片头、Audition 用来处理声音、降噪等、EVCapture 用来录制屏幕。

视频制作完成后,需要将视频投放在各个渠道平台上,以获得更多的流量曝光。目前越来越多的平台参与到短视频的争夺战来,各自推出的补贴激励政策也不同,再加上各个平台的推荐算法系统的差异,要求我们在进行短视频投放时,需要熟知各平台的推荐配对规则。另外我们应该积极寻求商业合作,利用互推合作等方式拓宽我们的曝光渠道。在粉丝运营方面,可以将核心目标用户集合起来,不定时与粉丝团做一些互动行为,以增强用户黏性。打造一个高互动氛围的社区是不断提升 IP(intellectual property,知识产权或版权)构建、垂直价值输出的基础。

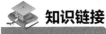 **知识链接**

1. 抖音电商核心思想

抖音电商四大核心思想形式如下。

(1) 测评:在 A 与 B 为同类产品时,推荐更好的。

(2) 种草:真实需求为重,好看或产品实用。

(3) 避雷:避开有质量或美观问题的产品。

(4) 低价:推广好产品的优惠信息或促销信息。

2. 抖音运营技巧

1) 选择合适的发布时间

经过统计数据表明,中午 12 点到 2 点、下午 3 点到 6 点、晚上 9 点到 12 点这三个时间段是抖音用户在线量最大的时候,抖音活跃用户也最多,因此如果想要平台将你的作品更精准地推送,首先需要对产品做一个用户画像,根据不同用户的使用习惯决定发布时间。

2) 提高作品互动数据

点赞、关注、评论以及转发是抖音运营的四个关键数据。我们应该时刻注意这几个数据的变化,推荐使用抖音网站对自己的账号数据进行监控分析。

3) 选择合适的挑战或者合拍

抖音官方有许多挑战活动,因此需要根据自己的账号定位积极地参与一些合适的活动。另外还有很多热门的视频,大家可以和对方合拍,这样会更容易被用户看到。

4）正确运用@内容

在@一些大号时要注意自己的内容是否与对方相关,尽量@与自己作品相关的账号,同时如果内容相似,也可以经常和对方互动。

5）注意作品标题

在发布抖音作品时,标题是非常重要的,作品标题尽量包含与目标人群相对应的一些关键词。

6）注重封面质量

好的封面就像一个文章的标题,可以突出视频内容的主题,以此来吸引用户的观看。因此封面的色调以及设计应当与作品类型搭配好,手机可以直接使用美册 App 来制作封面。

7）蹭热点

热点分为两种:一种是可预知的,如大型比赛;另一种是不可预知的,如重大新闻等。热点自带传播属性,蕴藏着巨大的流量和关注度。

（1）热点音乐:留意抖音热点音乐榜单(西瓜指数小程序)。

（2）热点事件:关注各个领域的新闻。

（3）热门拍摄形式:学习创意拍摄手法。

8）不触碰抖音雷区

在运营抖音时,有很多小细节需要注意,一旦有以下情况出现,很有可能出现限流以及降低权重的结果。

（1）不发威胁信息以及带有个人信息的广告。

（2）视频中不留联系方式。

（3）不要频繁操作和修改个人信息。

（4）不要发带有其他平台水印的作品。

9）其他小技巧

除了以上的技巧之外,想要提高抖音曝光率、增加粉丝量,我们还应该坚持做好以下几点。

（1）完善个人资料。

（2）明确人设定位。

（3）作品满足粉丝心理追求。

（4）做好数据运营和分析。

（5）分析研究同行账号。

（6）坚持更新内容。

（7）选题稀缺。

（8）保证视频清晰度和画质。

任务二　直播营销

一、直播营销概述

(一)直播营销内涵

随着移动互联网的发展,在线直播尤其是移动直播的用户群体体量逐渐扩大,直播成为企业和个人的营销利器,各大品牌或电商平台纷纷试水直播营销。直播营销模式不断被挖掘,而在效果上"直播＋明星＋品牌"模式效果最明显。借助明星效应放大品牌价值,直切受众群体,提高产品的曝光度。

直播即互联网直播,是网络视频的一种,按 2016 年 11 月由国家互联网信息办公室发布的《互联网直播服务管理规定》中的定义,互联网直播是指基于互联网,以视频、音频、图文等形式向公众持续发布实时信息的活动;它既包括了网络表演,也包括了网络视听节目。

网络直播营销是指通过数码技术将产品营销现场实时地通过网络将企业形象信息传输到观众的眼前。

(二)直播营销特点

(1) 直播营销就是一场事件营销。除了本身的广告效应,直播内容的新闻效应往往更明显。一个事件或者一个话题可以更轻松地进行传播和引起关注。

(2) 能体现出用户群的精准性。在观看直播视频时,用户需要在一个特定的时间共同进入播放页面,这其实是与互联网视频所提倡的"随时随地性"背道而驰。但是,这种播出时间上的限制,也能够真正识别出并抓住这批具有忠诚度的精准目标人群。

(3) 能够实现与用户的实时互动。直播时用户不仅是单向地观看,还能一起发弹幕吐槽,喜欢谁就直接献花打赏,甚至还能动用民意的力量改变节目进程。这种互动的真实性和立体性只有在直播时能够完全展现。

(4) 深入沟通,情感共鸣。人们在日常生活中的交集越来越少,尤其是情感层面的交流越来越浅。直播,这种带有仪式感的内容播出形式,能让一批具有相同志趣的人聚集在一起,聚焦在共同的爱好上,情绪相互感染,达成情感气氛上的高位时刻。

二、直播营销策划

直播营销的策划主要包括直播主题设计、直播平台选择和直播互动策略。

(1) 直播主题设计。直播营销需要基于一个主题和内容展开。主题要与品牌相关,内容要有吸引力。

雷朋为了推广品牌新品——渐变反光镀膜镜片太阳镜,提出了 It takes courage(怕什么)的宣传主题,选择时下热门的时尚类直播模式作为此次＃怕什么＃新品宣传的推广手段。为此,雷朋邀请哈雷女孩黑小思、先锋音乐人 Sulumi 和素食快餐合伙人通过微博直播分享自己忠于自我、直面挑战的经历,并且号召雷朋粉丝通过新浪微博的直播镜头或♯怕什么♯话题讨论分享属于自己的勇气故事。

（2）直播平台选择。不同的平台意味着不同的流量来源,可以根据品牌目标和受众群体选择平台,同时需要考虑消费者的观看时间和习惯。

雷朋在♯怕什么♯主题下,将直播活动分为三个阶段。第一阶段依托 KOL 黑小思、Sulumi 和素食热狗合伙人在社交媒体上直播,以制造微博♯怕什么♯话题,先针对小众消费群体进行活动预热;第二阶段,凭借小鲜肉明星的知名度和影响力,将品牌新品与"怕什么"的品牌文化捆绑注入微电影中,依靠在线直播和提前发布预告片等形式吸引普通消费者的点击关注与话题分享;最后一个阶段,在"品牌上海眼镜展"期间,雷朋专区邀请美女主播诗诗在映客直播间实时直播眼镜展的现场环节,并且通过集团旗下宝岛眼镜微信公众号的直播间向粉丝全程直播眼镜展的盛况,继续宣传雷朋新品渐变反光镀膜镜片太阳镜,持续地加深消费者对雷朋此次"怕什么"品牌宣言的正面印象,强化消费者对雷朋"追逐真我,不畏挑战"的品牌形象。

（3）直播互动策略。直播营销最大的亮点是可以与消费者进行互动,因此需要制订相应的互动策略来增强互动性。可以设置互动豪礼环节等,采用抽奖、秒杀、抢购等营销手段,引起消费者的兴趣和互动参与。

三、 设计直播内容

网络直播最重要的是用户,掌握用户的数据可以很好地分析其年龄段、偏好、消费喜好、来源。根据数据分析用户群体特征后,就可以为此制订营销对策与计划,锁定营销目标客户。

(一) 精确的市场调研

直播是向大众推销产品或者个人,推销的前提是我们深刻地了解到用户需要什么,我们能够提供什么,同时还要避免同质化竞争。因此,只有精确地做好市场调研,才能做出真正让大众喜欢的营销方案。

(二) 项目自身优缺点分析

精确分析自身的优缺点。做直播,若营销经费充足,人脉资源丰富,则可以有效地实施任何想法。但对大多数公司和企业来说,没有充足的资金和人脉储备,这时就需要充分发挥自身的优点来弥补,一个好的项目不是仅有人脉、财力的堆积就可以达到预期的效果,只有充分发挥自身的优点,才能取得意想不到的效果。

(三) 市场受众定位

营销能够产生结果才是一个有价值的营销,我们的受众是谁,他们能够接受什么等,都需要做恰当的市场调研。找到合适的受众是做好整个营销的关键。

(四) 直播平台的选择

直播平台种类多样,根据属性可以划分为不同的几个领域,包括游戏类直播平台、娱乐类直播平台、电商类直播平台等。不同直播平台面向不同的用户群体,要根据直播内容选择不同的平台,直播带货通常选择电商直播平台。

（五）良好的直播内容设计

做完上述工作之后,最后成功的关键就在于呈现给受众的方案。直播前可以利用预告、广告等手段引起观众的好奇和注意,吸引大部分人进入直播间。但在直播营销过程中,观众随时都可能离开直播间。这时,想要留住这些进入直播间的观众,就需要足够吸引人的内容。在整个方案设计中,需要销售策划及广告策划的共同参与,以便让产品在营销和视觉效果之间恰到好处。在直播过程中,过分的营销往往会引起用户的反感,所以在设计直播方案时,如何把握视觉效果和营销方式,还需要不断的商酌。

（六）后期的有效反馈

营销最终要落实在转化率上,实时的及后期的反馈要跟上,同时通过数据反馈可以不断地修正方案,将营销方案的可实施性不断提高。

四、 进行粉丝维护

直播内容应该遵循三个核心。

理:言之有理,能让受众信服直播内容中所体现的观点。

节:必须遵守一定的原则,有所节制,不能无所顾忌。

奇:观点独特,直播内容能很好地体现平台和主播的特色。

从内容的类型表现方面来说,主播所提供的内容要符合不同受众的需求,改变主播单一的直播内容。

（一）自我成长，感动粉丝

经常更新朋友圈,乐于同粉丝分享自己的生活,在朋友圈发自拍照并配上正能量的文字,鼓励粉丝。让粉丝看到自家主播一步步成长,从而感到欣慰。

（二）真诚相待，把粉丝当家人和朋友

直播间更多是让别人了解你,那么线下就要多花点工夫去了解他们,想想你可以给粉丝带来什么,他们有没有烦心事,你能提供些什么参考意见给他们。

准确地记住那些对于粉丝特别重要的日子,如生日时,要发个信息给粉丝,或者亲自打电话给他,让他感到被重视、被记得。这些小细节都是维系和巩固关系的黏合剂。

（三）有积极的交流心态，了解粉丝需求

既然是你的粉丝,肯定愿意多与你互动,所以要主动和粉丝交流。例如,主播自己在直播间唱的歌,不一定是粉丝喜欢的,线下可以多练习粉丝喜欢的歌,粉丝一定会感受到你的心意并且给你回报。

（四）提升自我，丰富直播内容

每个主播都不能停留在原地，直播间的布置和穿着风格也不能一成不变，线下可以多读书增加自己的修养、常识和知识。

把你对生活的态度和感悟以及你最为美好的一面展示给粉丝，让他们了解你的付出和努力、你的个性、你是怎么对待生活的、你的三观是什么样的等。有认同感、归属感的粉丝忠诚度是较高的。

 知识链接

重构"人·货·场"：东方甄选火爆"出圈"剖析

2019 年被称为"电商直播元年"，国内"直播 ＋ 电商"出现爆炸式增长，出现了一大批知名主播。2022 年，新东方打造的直播助农平台"东方甄选"火爆"出圈"，频繁登上热搜，被网民称为"最有文化的直播间""最安静的直播间"。东方甄选的火爆"出圈"，不仅是"双减"政策背景下教培行业的一次转型探索，更是对直播电商"人·货·场"重构的探索。

1. 以"人"为本，打造"双语直播＋文化带货"模式

东方甄选团队是一支以 25 岁到 40 岁年轻人为主体的团队。在"双减"背景下，新东方另辟蹊径，从教育领域跨入直播领域，从主播本身、企业经验与文化、行业背景等出发，促进英语老师到电商主播的身份转换，形成了带有新东方式基因的"双语直播＋文化带货"的知识型直播带货模式，从而明确了差异化的市场定位，这使东方甄选直播间天然地具备一种其他直播间所不具备的文化氛围。教师成为主播，知识讲授取代商品介绍，双语教学取代优惠吆喝。这种注入新东方基因的直播，让受众在购物的同时也享受了一场知识盛宴和全新的购物体验。

2. 以"货"为中心，直播助农符合国家发展战略

爆火之初，东方甄选对自己就有很清晰的定位，即"我们的定位是产品科技公司、文化传播公司和公益助农公司""通过直播业务推广中国传统文化及来自中国不同的原产地、高品质农业品及相关产品，亦期望通过直播营销助力中国的农业产业发展"。东方甄选以农产品为切入点，直播助农，与国家乡村振兴战略相吻合。在此基础上，东方甄选致力于解决农产品的标准化难题，建立品质农货自营品牌，完善农产品供应链体系，从而构建东方甄选的行业壁垒，奠定东方甄选农产品直播带货领域的龙头地位。

3. "场"景融合，凝聚受众社会情感认同

场景是直播带货所依托的环境，是新零售"人·货·场"不可或缺的要素。在东方甄选直播间，主播天南地北、碎片化的知识讲解恰好迎合了消费者碎片化、浅层次的阅读习惯，教培和农产品的巧妙融合，使受众形成了"不是来购物而是来学习"的心理，并产生了全新的购物体验。东方甄选通过文化氛围的打造，赋予直播间一种知识分子的符号化意义，进一步促成了受众的身份想象。继知识带货之后，东方甄选又创新性地进行"旅游式带货"，挖掘农业产品及其品牌背后所在地的文化，寻找品牌与消费者的情感连接点，让消费者更直观地了解产品文化背景与地方风物，更快速地确认购买欲望。

 思政小课堂

乡 村 振 兴

扎实推动乡村产业、人才、文化、生态、组织振兴。

——习近平

乡村振兴战略是习近平同志于 2017 年 10 月 18 日在党的十九大报告中提出的。党的十九大报告指出,农业农村农民问题是关系国计民生的根本性问题,必须始终把解决好"三农"问题作为全党工作的重中之重,实施乡村振兴战略。

实施乡村振兴战略是建设现代化经济体系的重要基础,是建设美丽中国的关键举措,传承中华优秀传统文化的有效途径,是健全现代社会治理格局的固本之策,是实现全体人民共同富裕的必然选择。

短视频和直播已成为数字生活消费新习惯,越来越多的农产品来到直播间,通过网络走向全国。在乡村振兴背景下,可以结合当地农村产业基础,借助"短视频＋直播"帮农户拓销路、找市场,拓宽销售渠道,打造农产品品牌,助力乡村振兴发展。

 项目实训

一、理论知识实训

(一)多项选择题

1. 短视频的特征包括(　　)。

　　A. 生产过程简单化　　　　　　　　B. 符合快餐化的生活需求

　　C. 内容更具个性化和创意　　　　　D. 网络基础

2. 直播营销策划过程包括(　　)。

　　A. 市场调研　　　　　　　　　　　B. 项目自身优缺点分析

　　C. 市场受众定位分析　　　　　　　D. 直播平台选择

　　E. 直播内容设计　　　　　　　　　F. 后期反馈

3. 进行粉丝维护应该(　　)。

　　A. 自我成长,感动粉丝　　　　　　B. 真诚相待,把粉丝当朋友

　　C. 积极交流,了解需求　　　　　　D. 提升自我,丰富内容

二、综合能力实训

果鲜是一家经营全国各地特色果蔬的网店。为迎接店铺 5 周年庆的到来,店长计划进行一场周年庆大促直播,以回馈店铺的新老粉丝,感谢大家对店铺的支持。此次直播活动有 100 000 元运营资金,用于直播活动的费用支出,包括商品采购、互动奖品、宣传推广等。

请你以给定的背景,策划并执行一场完整直播,完成市场数据分析、直播规划、脚本策划、创建直播、直播装修、直播推广、直播售卖以及直播复盘等过程。

网络营销管理篇

项目七　网络营销策划

项目八　网络营销管理

网络营销策划

知识目标：了解策划的概念、网络营销策划的层次和要素；掌握网络营销策划的概念、内涵，网络营销策划的步骤，网络营销策划书的写作；掌握网络营销活动策划的内容。

能力目标：能够针对企业的目标，制订网络营销策划方案或进行网络营销活动策划，并撰写网络营销策划书。

素质目标：能够持续关注互联网热点，培养对新鲜事物、新闻、娱乐等的较高敏感度和较强洞察力，树立网络营销创新、创意能力。

思政目标：具备求真务实的工作态度；具备实事求是的工作精神。

 知识思维导图

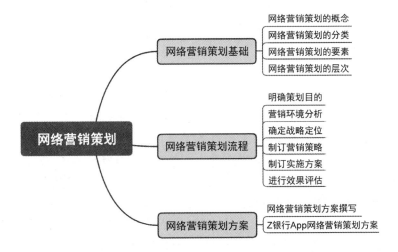

 **引导案例**

"学渣"奖学金营销策划事件

2020年春节前，重庆的一家火锅店"不挂科老火锅"找到我们，说不想按传统套路以传统打折形式做开业活动，想以新奇特活动做事件营销。当时已经是12月底，各大高校正面临寒假的期末考试,于是我们就利用寒假的时机策划了一个事件,结果一下就火遍了全国。

1. 明确受众人群

"不挂科老火锅"位于重庆大学城熙街,那里聚集了重庆大学、重庆师范大学、重庆医科大学、四川美术学院等十几所高校,学生总数在15万以上,当然事件的一级受众就是周边大学生;二级受众就是全国的潜在餐饮加盟商。借助刷屏级的热点事件,不但可以迅速提升客流量,也可以吸引餐饮加盟商的目光。

2. 选取热点话题

顾客的关注点在哪儿?怎么和竞争者做得不一样,做到新奇特?目标人群的特点是追求性价比、怕考试不及格挂科,怎么借助其习惯的场景进行营销?

经过我们对周边大学生的调查分析和讨论,总结出奖学金、学渣、挂科这三个关键词。根据叶茂中的冲突理论,"学渣"和"奖学金"刚好是两个冲突的话题,更容易引起传播和讨论。所以营销创意绝不是凭空想象,都是建立在大量的数据分析和长久的知识积累之上而产生的。根据事件关键词,最后选定了"学渣奖学金"这个主题,如图7-1所示。

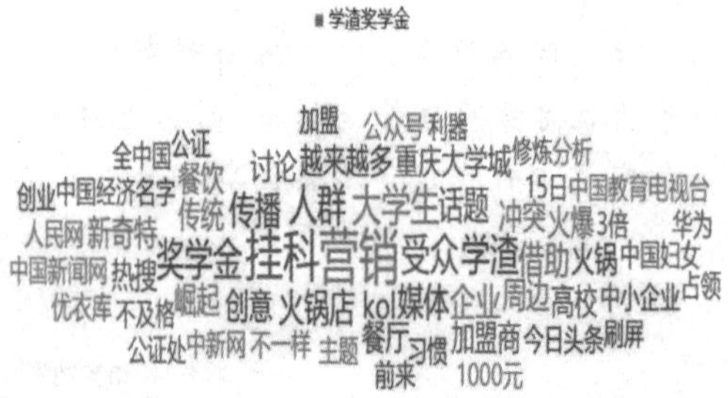

图 7-1　目标人群关注话题

3. 设计活动规则

(1)为何要设立"学渣"奖学金。因为这家火锅店的老板,曾经就是一名"学渣",当年因为挂科太严重,至今还没拿到本科毕业证,这是他心中永远的伤。所以创业后,想通过这种方式鼓励大学生学习,希望他们不会重蹈自己的覆辙。

(2)如何才能领取奖学金,条件就是要比上学期挂科科目少一半,就可以获得奖学金1000元;再加上本身"不挂科老火锅"创意性的名字,自身就非常有吸引力了。为了让活动更加真实,我们还邀请了重庆公证处的工作人员为活动做公证。

4. 规划媒体传播

传播路线如下:自媒体 KOL→白名单媒体→融媒体→热搜。

详细解读:本地微博和公众号 KOL 首先爆料,然后安排人民网、中新网等官方媒体进行深入报道,确认该事件的真实性,继而引发《新京报》、中国经济报网、中国新闻网、法治网、《山西晚报》《中国妇女报》、中国教育电视台、山东卫视、江苏卫视、澎湃新闻等全国近百家媒体报道,迅速占领百度、今日头条、微博等平台热搜榜,如图7-2所示。

5. 引爆全国话题

从1月3日到15日,"学渣奖学金"事件持续火爆,迅速引发了全国人民对大学生挂

图 7-2 "学渣"奖学金媒体传播

科话题的热议,同时该餐厅也迅速成为重庆大学城生意最火爆的餐厅,每天前来就餐和咨询加盟的人群络绎不绝,营业额整整翻了 3 倍,如图 7-3 所示。

图 7-3 "学渣"奖学金营销传播

(资料来源:https://www.zhihu.com/question/37323554.[2023-10-9].)

思考:互联网时代应如何进行营销策划?"学渣"奖学金营销策划事件对你有什么启发?

任务一 网络营销策划基础

一、网络营销策划的概念

策划最初的意思是指计谋、谋略,后来,也有人认为策划是一种对未来采取的行为做决定的准备过程,是一种构思或理性的思维程序。

网络营销策划是指企业以互联网为媒介，在对内外环境进行准确分析的基础上，围绕企业发展的特定目标全面构思、精心设计企业未来一定时期的网络营销战略、阶段性目标以及实施方案的过程。

二、 网络营销策划的分类

有不同类别的网络营销策划，如图 7-4 所示。

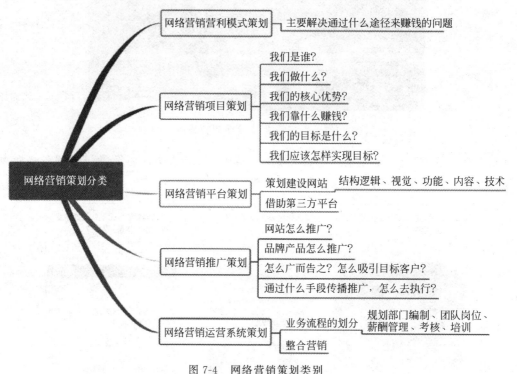

图 7-4　网络营销策划类别

（1）网络营销营利模式策划，主要是解决通过什么途径来赚钱的问题。

（2）网络营销项目策划，主要回答我们是谁，我们做什么，我们的核心优势，我们靠什么赚钱，我们的目标是什么，我们应该怎样实现目标。

（3）网络营销平台策划，主要是策划建设一个网站的结构逻辑、视觉、功能、内容、技术，或者是借助第三方平台的策划。

（4）网络营销推广策划，主要是回答网站怎么推广品牌，产品怎么推广，怎么广而告之，怎么吸引目标客户，通过什么手段传播推广，怎么去执行。

（5）网络营销运营系统策划，可以按照业务流程来划分，包括规划部门编制、团队岗位、薪酬管理、考核、培训以及整合营销等内容。

三、 网络营销策划的要素

网络营销策划的要素可以归纳为：策略为纲、创新为王、执行制胜。策略和创意密不可分。创意必须以策略为前提、基础和指导依据,有时候做策略就需要创意,即创意型策略;有时候正确的策略本身就是创意,即策略型创意。运营系统是执行策略和创意的平台和基础。

(一)策略为纲

策略是企业的生存之道、制胜之道。网络营销策划并没有特定的标准策略,不同企业的网络营销模式在其不同发展阶段都有着不同的策略。企业应该根据自身的实际资源发挥自己的优势,厘清自己的策略。

制订策略可以分为以下三个步骤。

1. 确定网络营销模式

不同的行业、不同的企业适合不同的模式,网络营销模式分为 B2B、B2C、C2C 等,企业要确定是从事网络零售还是批发,是自建商场还是入驻第三方平台等。

2. 用户定位

确定模式后,就要进行用户定位,要回答这些问题:我的客户在哪里?他们关心什么?我的核心优势是什么?客户凭什么选择我而不选择竞争对手?

3. 推广执行

推广执行要回答这些问题:确定怎么找到我们的客户?怎么将信息告诉我们的客户?是否要建设网站?如果建设网站,要怎么展示自己的卖点和核心优势?

(二)创意为王

创新是指营销创新,网络营销中的创新主要用在产品销售、品牌策划和网络传播中,创新从洞察中来,它包括对市场的洞察,对消费者的洞察,对人性深层次的洞察。

以美国一家小珠宝店老板的营销创新为例。

在美国北卡罗来纳州的威尔明顿,有一家小珠宝店推出了一个促销活动:如果感恩节之后的两个星期,你在本店买了珠宝,而圣诞节当天,距威尔明顿 500 千米左右的、另外一个小镇阿什维尔下雪超过三英寸,那么你的珠宝可以留着,钱全部退还。

这个消息一下就在附近传开了,甚至阿什维尔当地居民也专门驱车 500 多千米,来到这家珠宝店买珠宝。

结果圣诞节当天,极少下雪的阿什维尔居然下了六英寸厚的雪。小店前排满了申请全额退款的人。这个老板二话没说,真的全部退款,当天总计退了 40 多万美金。

那么,这位老板不是亏大了吗?不!这位老板早就根据自己那段时间的销售额购买了天气保险。老板不但没有亏,反而借助这种极富传播力的创新促销活动,绕开了打折送赠品之类的老套手段,既提升了销售额,又大大提升了知名度。

(三)执行制胜

执行就是执行策略,达成目标的运行体系。重点是建立企业网络营销推广体系及推广制度,包括主流网络营销推广系统的账号体系建立和培养等。

运营体系是执行策略和创新的平台基础,要与策略营销创新相匹配。运营体系要求项目负责人首先对项目策略各模块的流程细节、团队组建、岗位需求、管控系统有深入了解,甚至要亲自操作过。其次是对团队流程的整合能力要非常强。一般情况下,网络营销团队有主管、文案、推广、客服、美工、技术等专业人员,需要团队各岗位互相配合,分工协作,共同完成任务。

四、 网络营销策划的层次

网络营销策划的层次由下而上分为信息应用层、战术营销层、战略营销层。

(1) 信息应用层是最简单、最基本的一层,在这个层次上,企业主要是通过网络发布信息,并充分利用网络优势与外界进行双向沟通。

(2) 战术营销层利用互联网开展网络市场调研、网上销售及营销。

(3) 战略营销层建立在战术营销层基础上,将整个企业营销组织、营销计划、营销理念等完全融入网络,依靠网络制定方针,开展战略部署和战略决策。

任务二 网络营销策划流程

网络营销的策划可以分为六个步骤,即确定策划目的、进行环境分析、进行战略定位、制订营销策略、实施营销方案,进行效果评估,如图 7-5 所示。

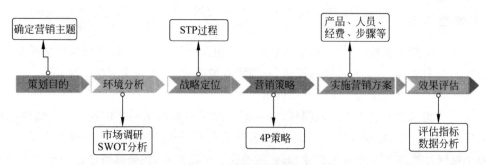

图 7-5　网络营销策划流程

其中,明确策划目的是确定营销的主题;进行环境分析,就是通过市场调研,采用SWOT 等方法来分析;战略定位通常使用 STP(市场细分、目标市场、市场定位)过程;营销策略包括 4P(产品、价格、推广、渠道)策略。实施营销方案是对产品、人员、经费及实施步骤进行安排。效果评估就是进行数据分析且确定评估指标。

一、 明确策划目的

网络营销策划目的是对网络营销策划目标的总体描述,没有清晰明确的目标,整个策划将无从谈起。

网络营销策划目的可以是解决企业某一方面的问题,也可以是对以往方案的优化及调整,还可以是企业网络营销项目的总体策划,如通过网络营销拓宽原有的销售渠道,提升销售额,通过网络建立品牌或者提升品牌知名度等,根据目的确定网络营销的主题。

尽管营销策划主题是多方面的,但是一个策划只能有一个主题,主题一旦确定,所有的策划活动都要围绕这一主题进行。

比如春节是中国重要的传统节日之一,支付宝就围绕着春节的团圆主题,推出了一个贺岁微电影《到哪儿了》,作为"扫五福"活动的预热。视频由真人真事改编,讲述了一对夫妻带着年幼的孩子开车回丈夫家过年的经历,整个视频中,出现最多的一句话就是"到哪儿了?",从而达到归乡、煽情的效果。

二、 营销环境分析

环境分析的前提是市场调研。

市场调研包括对网络市场本身的调研、新产品调研、定价调研、广告调研、分销渠道调研、促销策略与方法的调研等。

环境分析是指企业采取各种方法,对自身所处的内外部环境进行充分认识和评价,以便发现市场机会和威胁,确定企业自身的优势和劣势,从而为其战略管理过程提供指导的一系列活动。通常使用 SWOT 分析工具。

以知名白酒品牌江小白为例。

江小白自身的优势:外观别致、口感好、营销手段丰富。

江小白的劣势:新兴品牌,号召力低,主要面对"80 后""90 后"的人群,人群范围有限。

江小白面临的外部机会:产品市场空白,"80 后""90 后"逐渐成为网购的主体。

江小白面临的外部威胁:容易被模仿,所销售的产品属于清香型的白酒,与人们传统的酱香型白酒有所不同,如图 7-6 所示。

图 7-6　江小白市场环境的 SWOT 分析

三、 确定战略定位

在市场分析基础上确定战略定位。

战略定位通常是采用STP的分析方法,也就是在调查和分析基础上,根据企业的实际情况,对产品市场进行细分,确定企业的目标市场,为企业或产品进行市场定位。

仍然以江小白为例,在前面SWOT分析的基础上,确定江小白的战略定位是面对"80后""90后"的时尚文艺青年,它的产品是清香型白酒,如图7-7所示。

图7-7 江小白的战略定位

四、 制订营销策略

营销策略是指针对一定的目标市场所采用的一系列可测量、可控的、以提高销售及厂商声誉为目的的活动,是对多种营销方法的综合运用,如4P营销策略组合,即综合运用产品(product)、定价(price)、渠道(place)、促销(promotion)策略,以实现营销目标。

仍然以江小白的4P策略为例。

江小白的产品策略是轻口味、小曲清香、休闲型小包装高粱酒,采用的是玻璃磨砂瓶包装,规格分别为100毫升、125毫升和300毫升。

价格策略是低价策略,毛利率在30%左右,低于同行平均利润。

渠道策略是直销加经销商,尽量扩大销售渠道。

促销策略是基于社交媒体的微博、微信营销,自身包装的自媒体营销,异业合作打造品牌IP。

五、 制订实施方案

实施方案应该包括以下几个方面。

运营目标:需要在了解企业营销目标基础上,确定营销策略和营销推广重点。

费用预估:根据营销目标确定所需费用及来源。

人员配备:根据营销目标确定人员配备及分工。

年度计划:人财物配备、策划营销主题及细分销售目标。

六、 进行效果评估

策划案实施后需要及时对其效果进行跟踪和评估,以便及时优化、更新。

网络营销活动较传统营销活动更容易跟踪和评估,评估人员应详尽地记录各种评估数据,作为效果评估的依据,同时为项目实施提供有效的数据。可以从经济、效率、效果、网络效益及顾客效益等方面进行评价,如图7-8所示。

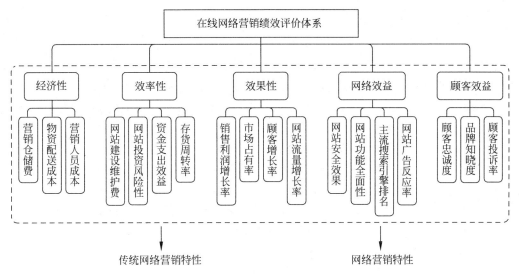

图 7-8 网络营销评价体系

任务三 网络营销策划方案

一、网络营销策划方案撰写

网络营销策划就是为了达成特定的网络营销目标而进行的策略思考和方案规划的过程。网络营销策划方案是为达到一定的营销目标而制订的综合性的、具体的、可操作的网络营销策略和活动计划。

根据策划目的与性质的不同,网络营销策划书的结构会有差异,但总体架构基本一致。一般来讲,网络营销策划书的基本结构如下。

1.策划目的

作为执行策划的动力或强调执行的意义所在,网络营销策划所要达到的目标是全员统一思想、协调行动、共同努力,从而保证策划高质量地完成。

2.环境分析

环境分析包括企业现状分析、用户分析、市场机会分析和威胁分析等。

营销方案是对市场机会的把握和策略的运用,因此分析市场机会就成为营销策划的关键。首先要对企业网络营销现状进行分析,厘清开展网络营销的基础;对目标用户进行调研和分析,描述用户画像;市场环境的变化会影响企业市场营销的销售量、市场占有率、盈利水平等,应针对产品特点,分析企业经营该产品的优势与劣势,从问题中找到劣势予以克服,从优势中寻找机会,发掘市场潜力。通常采用 PEST、SWOT 等分析工具。

3.网络营销战略及策略

网络营销战略及策略通常包括营销目标、4P 策略等。

营销目标包括销售型、服务型、品牌型、提升型、混合型等。

销售型网络营销策划目标是指为企业拓宽网络销售,借助网上的交互性、直接性、实时性和全球性为顾客提供方便快捷的网上销售点。

服务型网络营销策划目标主要为顾客提供网上联机服务。顾客通过网上服务人员可以远距离进行咨询和售后服务。大部分信息技术型公司都建立了此类站点。

品牌型网络营销策划目标主要是在网上建立企业的品牌形象,加强与顾客的直接联系和沟通,增加顾客的品牌忠诚度,配合企业现行营销目标的实现,并为企业的后续发展打下基础。大部分企业站点属于此类型。

提升型网络营销策划目标主要通过网络替代传统营销手段,全面降低营销费用,提高营销效率,促进营销管理和提高企业竞争力。如戴尔、海尔等站点属于此类型。

混合型网络营销策划目标力图同时达到上面目标中的若干种。如亚马逊通过设立网上书店作为其主要销售业务站点,同时创立世界著名的网站品牌,并利用新型营销方式提升企业竞争力。它既是销售型,又是品牌型,同时还属于提升型。

4P策略是指综合运用产品、价格、促销、渠道策略开展营销活动。

4．实施保障

实施保障包括项目组织和管理、费用保障、项目评估和优化等。

项目组织和管理包括总执行者是谁,各个实施部分由谁负责,时间是怎样安排的,营销方案执行过程具体花费多长时间。费用保障即整个营销方案推进过程中的费用投入,包括营销过程中的总费用、阶段费用、项目费用等。项目评估和优化即项目如何评估和调整。

二、 Z银行App网络营销策划方案

Z银行的官方App是Z银行手机银行,它代表Z银行打造数字金融服务平台的核心内容,是其拉近与用户关系的平台和载体。

(一) Z银行手机银行业务

Z银行手机银行主要包括以下业务。

1．财经资讯推送

用户可以根据自身的需求选择手机银行中的相关财经资讯,其丰富的内容可以充分满足用户各种需求,根据不同用户的使用情况进行个性化的推荐服务,金融资讯能够帮助用户更深刻地认识理财、投资等。手机银行还能够客观地对用户的风险承受能力进行评估,并对产品配置的合理性做出判断,能够最大限度满足客户的投资需求。

2．提供金融产品

用户可以根据自己的需求通过手机银行获取相关的投资理财产品信息或市场信息。手机银行可以为用户提供个性化的服务,能够自动收集用户自身的喜好和习惯,并结合对市场环境的分析,从而为用户进行个性化的产品推荐。用户对于资产管理方面有各种不同类型的服务需求,手机银行能够为用户提供相应的金融资讯,满足其需求,最重要的是能保证用户资产的安全。

3．提供生活服务

生活缴费包括费用缴纳、养老服务、慈善捐款等各种细化服务,是其中必不可少的功能,用户可以利用这项功能实现生活的便利。

4．风险提示

从登录手机银行界面开始,Z 银行就使用专属的安全设置,在进入手机银行的初始界面所使用的输入键盘是专属安全键盘。输入时键盘不受限制,可以自由使用各种符号、数字和字母。然而用户登录方式较为单一,只有密码和手势两种登录方式,没有常用的短信验证码提示等方式,键盘也不提供乱序功能。登录后进入手机银行,在办理转账汇款业务时,输入交易密码和短信验证码是必不可少的步骤,交易成功之后,银行会给用户预留的手机号码发送短信提示。手机银行的转账汇款功能有一定的数额限制,每次单笔上限是一百万,每日上限是五百万,对于安全性问题有很大的意义,能够在一定程度上降低风险,用户还可以根据自身的需求设置登录时间,如果超过登录时间,手机银行会自动退出登录,有利于安全性的提高。

（二）Z 银行手机银行营销的问题

近年来,客户需求日益多元化,同时金融消费更倾向个性化,因此银行经营模式不能仅仅停留在微笑服务上,只有让客户的需求和价值得到提升,才能达到较好的营销效果。营销体系是否完善是营销战略中极为重要的因素,想要吸引更多用户、满足不同用户的服务需求、最大限度地扩大竞争优势,则需要对营销体系进行完善,形成银行与用户共赢的局势。

（三）Z 银行手机银行市场分析及消费者画像

1．市场细分

1）按照用户的自然属性进行细分

（1）青年市场,主要年龄在 18 到 30 岁之间,青年人对于手机银行这类新兴产业更容易接纳,并且具有较强的创新和包容能力。大部分青年人处于未婚或刚结婚不久的状态,消费理念更倾向享受主义,消费习惯也较为不稳定,甚至有时出现不理智消费的现象,同时他们收入水平普遍较低。

（2）中青年市场,年龄在 30 到 45 岁之间,大部分中青年拥有稳定的工作,经济水平比较高,并且有家庭,所以消费习惯更加稳定,不理智消费相对较少。不过中青年对手机银行的接受性较低,不易接受新兴的产品,因此对中青年进行手机银行的营销可能会遇到较大困难。但同时,收入稳定的中青年市场仍然是 Z 银行最重要的营销目标市场。

（3）中老年市场,年龄在 45 岁以上。中老年对手机银行这类新兴产品的接受能力非常薄弱,这也是最大的营销难点。再者,中老年的消费结构中以家庭为主的消费占比较大,另外,中老年在健康方面的消费比较大,因此即使中老年的资产较多,也是营销的难点。

2）按照客户类型进行市场细分

（1）倾向于价格实惠产品的用户,这类用户可能会被手机银行中的优惠产品吸引。

（2）真正具有需求的用户,这类用户因为自身等原因,更加需要手机银行,因此更乐于接受。

（3）追求新鲜感和个性化的用户,这类用户喜欢新产品、新事物,并能很快接受。

3）根据用户对银行的贡献度划分

（1）未被挖掘的客户群体,即未开通手机银行但有一定潜在需求的群体,这类群体是能够被银行发掘的潜在用户。

（2）对手机银行使用较为频繁的用户群体，这类用户已经开通手机银行，并且使用率较高，对银行业务的开展有重大贡献。

（3）普通用户群体，这类消费者已经开通手机银行，但对 Z 银行的业务发展贡献不大，不过银行不能忽视这类用户的潜力，流失过多普通用户也会对银行的发展带来较大影响。

2．目标市场选择

基于市场细分结果，可以对其目标市场进行选择。目前，手机银行产业的竞争较大，发展遇到瓶颈，只有为用户提供更优质的产品和个性化的服务才能吸引更多用户，也要加强完善手机银行的功能，从而提高用户的使用满意度，占领更多市场份额。

1）全方位覆盖市场

指手机银行具有的基础功能和服务，对于用户的一般化业务需求是可以满足的。优势是可以提高初始用户数，缺点是全方位的市场覆盖过于宽泛，缺少针对性，不能满足用户个性化需求，可能会导致用户的使用满意度下降。由于这类市场主要聚焦于已经在使用的一般用户，也就是使用手机银行最多的人群，这也导致成本过高的问题。

2）个性化市场

主要内容是通过对市场上各类用户进行分析，根据其需求优化服务，能够有效降低银行的业务成本，同时能够提高用户的使用满意度。这类市场需要银行对目标市场有深入的了解和精准的划分，才能有效提高银行的品牌影响力以及核心竞争力。个性化市场中可以注重老年群体、学生群体等用户。

3）潜在市场

潜在市场的主要群体是并未开通手机银行的客户。银行需要为此类市场投入更多精力，挖掘更多潜在用户将会为银行带来相当可观的经济效益。在潜在市场中，可以注重大学生和研究生等学生群体，以及农村市场。

对市场进行划分之后，可以对三个目标市场进行具体分析，包括市场的不同特性和核心内容，有利于银行深入了解用户的消费行为、消费习惯以及消费心理，并基于分析结果对手机银行的服务进行有效改善和创新，提高服务的质量。

3．市场定位

通过了解用户对产品的需要，总结出不同需求的差异，把产品或服务市场根据用户需求的差异，划分为多个相关客户群体市场。发掘更多不同类型的用户并进行发展，使之成为优质用户，优化资源配置，提高服务的效率。关注目标市场的发展，根据目标市场的变化，对产品或服务进行定价，结合产品和服务的相关营销推广策略，在节约银行人力、物力成本的同时，保持服务的高质量，从而提高 Z 银行的市场竞争能力。

（四）Z 银行手机银行市场 SWOT 分析

1．优势（S）

（1）银行综合能力较强。其属于优秀的股份商业银行。

（2）先进的管理理念。银行服务理念是"因您而变"，服务的核心是以客户为中心。

（3）拥有较强专业技术。

（4）拥有良好的企业形象。

（5）拥有大批专业人才。

（6）拥有丰富的客户资源。

2．劣势（W）

（1）无法深入了解用户的需求。

（2）没有完善的员工激励制度。

（3）市场竞争激烈。同类型银行的手机银行数量较多,大多也形成了自身的品牌效应,并有固定的客户资源。

3．机会（O）

（1）中老年用户群体的增加。

（2）重视金融产品品牌。随着第三方支付平台的发展与普及,大众已不再仅仅关注金融产品的内容,而是更加重视金融产品的品牌。

（3）用户消费习惯的改变。随着新型支付方式的兴起与普及,消费者已经习惯于使用如手机支付的移动支付功能。

4．威胁（T）

（1）市场竞争更加激烈。许多银行开始认识到手机银行的发展前景,有限的市场与众多的竞争者之间的矛盾激化。

（2）新技术的出现。随着互联网技术的发展,各种新技术层出不穷。大数据时代下,企业需要不断对技术进行革新才能更好发展。

（五）Z银行手机银行的网络营销策略

1．网络营销目标

网络营销目标主要有提高用户下载量和使用率、精准挖掘潜在用户、提升用户黏度等。

2．网络营销策略

1）注重提升用户的忠诚度

提高用户忠诚度的关键在于个性化服务,不同的用户有不同的需求,只有制订针对每个用户的个性化服务,才能真正满足用户的需求,从而提高用户的忠诚度。首先是高学历、高管等人士,他们是目前手机银行的主体用户。这类用户有比较稳定的收入和储蓄,相比实惠的价格,他们更在意时间成本和操作的便利性,这类用户也有更大的投资理财需求,并且重视生活质量,所以对银行的贡献最大。同时,这类用户平均消费金额比较高,平时在生活中大多进行高端消费,而他们进行消费的商家中很大一部分与 Z 银行有合作,可以通过手机银行进行业务办理,吸收大量资金,与 Z 银行达成互惠互利的局面。其次是潜在用户中的学生群体。学生群体的特征是,年纪大多在 25 岁以下,对于新兴的事物更容易接纳,消费习惯上理性消费较少,倾向于价格优惠的产品或折扣活动,因此这类用户更多是进行频繁的小额消费,抓住学生群体,能够为银行带来更多的发展机会。由此可见,Z 银行可以综合发展以上两类用户,分别为二者制订个性化的手机银行服务。

2）线上线下整合营销

统筹各个网点,大力为手机银行进行宣传,尤其要重视整合线上线下资源,进行资源引流能够为宣传效果带来积极影响。以核心城市为中心向全国对手机银行进行线上线下整合营销。

3）多种营销方式并用

手机银行可以选择与手机供应商合作营销,能够对手机银行在推广中所出现的不足进行改进,从而节省银行成本。其中最重要的还是要对营销方法和手段进行创新和改进,有实力才能吸引更多用户。

（六）Z银行手机银行网络营销的具体活动

以2020"安装App有奖"为主题,结合各大节日营销节点推出手机银行抽奖、满减、买赠等营销活动,如端午节、中秋节、春节等节日,推出基于观影、购物、旅游等生活场景更丰富的营销推广活动。与各大品牌联动,比如咖啡店、影院、美食的品牌,共同打造节日活动,联手送惊喜权益。这能够提供更多线上支付功能,增加餐饮、娱乐、生活中手机银行线上支付功能,为用户提供更便捷、更丰富的生活服务,带来品牌效应的叠加。

在推出活动方面,通过线上和线下两条渠道进行传播。

1. 线下以户外广告为主

主要投放地铁广告、社区广告等。线下广告用户接触率高,流量真实有效;场景体验感强,有强烈的代入感;展现距离适当,投放地域精准,能给用户带来强大的视觉冲击,从而积累用户的品牌记忆。

2. 线上多渠道推广

线上广告主要分为效果型广告和展示型广告两大类,效果型广告主要投放在搜索引擎、广告联盟等网络渠道,可以选择目标受众会接触的平台进行投放,从而提升用户的使用率;展示型广告主要投放于门户和视频网站等大型网络平台,能够最大限度地为品牌、活动等推广带来曝光。

微信平台:①朋友圈信息流广告,在了解Z银行手机银行的同时,点击信息流广告跳转软文和下载页面;②充分利用微信公众号,打造爆款软文,文章要具有可读性,并且丰富有趣。除此之外,还可以在标题上大做文章,以吸引读者。

微博用户宣传造势:借微博大V的影响力,直接转发扩散Z银行手机银行的宣传图文或者活动。

抖音平台:①拍摄主题特色小剧场、小视频作为广告,以创意的主题,结合一系列"吃喝玩乐"优惠活动营造营销热点,点击广告能够跳转至Z银行手机银行下载页面;②邀请大流量网红拍摄创意短视频进行推广。

视频播出平台广告:①视频播放器内置信息流广告,视频播放平台内的广告将以原生方式出现在资讯信息流中,不仅可以使广告更容易被接受和认可,还可以借助视频播放平台的大数据能力,实现对目标人群的精准洞察;②视频贴片,视频播放期间,可以借助小型贴片在正片中植入敏锐独到的创意内容,大范围传播Z银行手机银行的品牌文化内涵,提升品牌在潜在消费人群中的认可度,一方面,小型贴片不影响正常观影,不太会引起观众反感；另一方面，又具备存在感高、曝光度强的特点，品牌文化得到展示，通过线上、线下的融合，最终实现品牌销售在终端的高效转化；③视频暂停页广告，视频暂停页是非常好的宣传介质，广告融入视频娱乐场景，半强制式地输入品牌记忆，有效提高曝光度。

 思政小课堂

工 匠 精 神

心心在一艺，其艺必工；心心在一职，其职必举。

——纪昀

工匠精神是一种职业精神，它是职业道德、职业能力、职业品质的体现，是从业者的一种职业价值取向和行为表现。"工匠精神"的基本内涵包括敬业、精益、专注、创新等。"工匠精神"就是追求卓越的创造精神、精益求精的品质精神、用户至上的服务精神。

工匠精神是社会文明进步的重要尺度、是企业竞争发展的品牌资本、是员工个人成长的道德指引。

在网络营销策划时，我们要利用大数据等现代信息技术，对内外部环境进行充分调研和客观分析，全面把握客户需求，科学严谨地制订营销方案。在实施策划方案时，我们要注重细节，耐心处理实施过程中出现的各种问题。客观对待营销方案效果的评估结果，针对性地改进方案，工作要做到精益求精、一丝不苟、追求卓越。

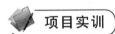 **项目实训**

一、理论知识实训

1. 单项选择题

（1）有不同模式的网络营销策划，其中网络营销（　　）主要是解决通过什么途径来赚钱的问题。

  A. 营利模式策划 B. 项目策划 C. 平台策划 D. 运营系统规划

（2）网络营销的市场定位，通常采用（　　）方法模型。

  A. SWOT   B. STP   C. PEST   D. 3W

（3）进行企业内部优劣势和外部机会威胁分析，通常用（　　）方法模型。

  A. SWOT   B. STP   C. PEST   D. 3W

（4）网络营销策划方案中，涉及人员、费用等安排的是（　　）。

  A. 环境分析   B. 营销策略   C. 效果评估   D. 实施方案

（5）网络营销评价指标中的市场占有率，反映了网络营销的（　　）。

  A. 经济性   B. 效率性   C. 效果性   D. 效益性

2. 多项选择题

（1）网络营销策划的要素可以归纳为（　　）。

  A. 策略为纲   B. 创新为王   C. 执行制胜   D. 文案为主

（2）创新是对（　　）的洞察。

    A．价格　　　　　　　　B．市场　　　　　　C．消费者　　　　　D．人性

（3）网络营销策划的层次主要分为（　　）。

    A．信息应用层　　　　　B．基础硬件层　　　C．战术营销层　　　D．战略营销层

（4）属于网络营销策划过程的有（　　）。

    A．确定策划目的　　　　B．进行环境分析　C．战略定位　　　　D．制订营销策略

（5）4P营销策略组合是指（　　）。

    A．产品策略　　　　　　B．价格策略　　　　C．渠道策略　　　　D．促销策略

二、综合能力实训

网络营销策划实训如下。

1．每3～5人组成一个学习团队，成立虚拟公司，确定经营的产品或服务。

2．公司计划利用"双11"开展网络营销推广活动，完成以下任务。

（1）分析环境和消费者，确定营销目标。

（2）选择合适的网络营销方法和工具，策划目标消费者喜欢的内容。

（3）撰写网络营销策划书。

（4）选择小组成员向全班汇报成果。

3．采用自评和他评的方式，对各小组成果进行排序和点评。

网络营销管理

 学习目标

知识目标：了解网络品牌的内涵和特点；掌握网络品牌塑造的方法；了解网络营销人才资源管理；熟悉网络营销业务流程；掌握网络营销中存在的风险及其控制方法。

能力目标：能够进行网络品牌的塑造、维护和管理；能够进行网络营销的风险防范。

素质目标：具有良好的沟通协调能力；具有创新精神；具有风险防范意识。

思政目标：爱岗敬业，具有职业道德；遵纪守法，具有社会责任感。

 知识思维导图

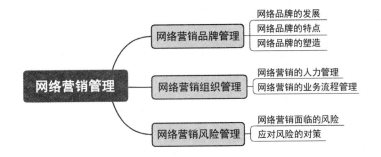

 引导案例

网络时代的品牌管理

常言道：一颗老鼠屎坏了一锅粥；常言又道：星星之火，可以燎原，一根蜡烛也可以照亮整个房间。说的都是一个意思——小因素的大影响，当然所造成的影响有好有坏。放之到品牌塑造也同样如此，一个组织成员的一个行为，就可能对整个品牌产生巨大影响，或让品牌名声再噪，或让品牌万劫不复。因此，企业必须进行全员品牌管理，尤其是在新媒体时代的今天。

品牌战略已成为众多企业的核心战略，品牌化生存也成为企业逐鹿市场的共识。如何快速且稳固地建立品牌是每个企业都急需快速完成的课题。从品牌定位到品牌形象树立再到品牌价值引领，从名人代言广告到公关营销再到危机处理，打造品牌的手法不胜枚举。然而,在众多的品牌塑造路径中,有一点经常被忽视或者不屑一顾,而这个"点"恰恰是品牌塑造的基石和原始推动力,这个"点"就是员工。

1. 员工对于品牌的巨大影响力

郭美美与红十字会的"孽缘"相信无人不知,这个自称"住大别墅,开玛莎拉蒂"的年轻女孩,其认证身份居然是"中国红十字会商业总经理",之后的众说纷纭让红十字会的名声大跌。在四川雅安筹款活动中,红十字会更是频频受辱:地方募捐,但捐款箱内却空空如也,一些行人甚至躲着红十字会的募捐箱走;一条有关捐款的微博却收获了网友的几万条"滚"回复。

美国标准石油公司有一位推销员叫阿基勃特。他无论在什么场合中签名,都不忘附加上公司的一句宣传语"标准石油每桶4美元"。时间久了,所有人都叫他"每桶4美元"。就这样,许多客户都知道了产品的价格,纷纷找他订货。公司董事长洛克菲勒听说了这事,便叫来阿基勃特,问他:"别人用每桶4美元的外号叫你,你为什么不生气呢?"阿基勃特答道:"每桶4美元不正是我们公司的宣传语吗?别人叫我一次,就是替公司免费做了次宣传,我为什么要生气呢?"五年后,洛克菲勒卸下董事长一职,阿基勃特成为标准石油公司的下一任董事长。

以上正反两个案例,都折射出员工在品牌塑造上的重大作用。员工是品牌的基石,员工是推动品牌发展的内在原动力。同时,员工也是一把双刃剑,他们的一个小小行为能让品牌名声再噪,也能让品牌万劫不复。如何让这把双刃剑只发挥威力而不伤到品牌自身?

2. 全员品牌,统一战线

全员是指企业品牌的一种内部管理,这种内部管理不仅要让员工知道自己的产品与品牌的独特之处,更需要员工知道品牌的文化、内涵与个性。在企业与员工之间建立一种深度的沟通,使品牌的价值观与员工的价值观高度一致,建立起从董事长到员工的统一战线。

全员品牌包含两层意思:一是把所有员工纳入品牌建设体系当中,让品牌全员化,品牌不仅属于老板,同样属于每一位员工;二是把所有员工都当成企业品牌的组成部分,让全员品牌化,每一位员工都是一个品牌,都代表着企业品牌的形象,每一个员工都是企业品牌最具力量的代言人。

只有建立全员品牌的理念,才能让全员与品牌荣辱与共,自觉维护品牌,提升员工的自身品牌,在品牌建设中,不管风吹雨打始终不离不弃。因此,任何致力于品牌化生存的组织都不能忽视全员品牌的力量,都必须进行全员培训。

3. 互联网时代让全员迫在眉睫

全员势在必行,而且在如今的互联网时代,又使全员迫在眉睫。

互联网时代带来的是"自媒体"时代,每个人都是新闻源。不可例外,企业的每位员工都是一个信息通道,也就是说企业是被许多"媒体人"监督着,员工会看、会说、会传播,这就让品牌传统的信息传播模式失效。这给品牌带来的好处就是每位员工都是品牌的宣传员,都可以通过自己的途径传播品牌。当然,带来的不良影响就是每位员工,也可能是品牌的爆料者,从而给品牌带来灭顶之灾。如网络上有篇广为流传的帖子"服务员冒死偷拍肯德基库房",揭露了肯德基的一些产品内幕,不管此信息真实与否,都给肯德基造成了不小的损失。

互联网时代将自媒体与社会监督员的社会角色赋予了每个员工,这就要求企业必须更加迫切地实行全员。

4. 全员品牌管理的秘籍

那么,如何实施全员品牌,进行全员,从而塑造由内而外的品牌力?笔者认为有以下几方面要素。

(1) 构建全员企业理念

全员企业理念要求是全员的理念,而非老板的个人意志。要广泛征求员工意见,让全员参与,并让员工深刻理解领会,这样才能让理念深入到每一名员工心中。万科曾通过企业理念的内部全员动员,形成了由内而外的蝴蝶效应。如在万科园区,即使清洁工也会给客户微笑和问候,而且从房子的户型、面积到布局,他们也能对答如流。

(2) 打造共同价值观

共同的价值观是全员理念的核心。价值观的重要性不言而喻,如马云在收购雅虎之前非常果断地提出"什么都可以谈,只有价值观不能谈"。企业有企业的价值观,每个员工也有着千差万别的个人价值观。然而,一个企业的成功必须建立价值观共同体。如《孙子兵法》所云:"上下同欲者胜。"价值观共同体建立在充分沟通的基础上,使员工对价值观的思想得到充分交流,同时,也需要企业适时地对员工的价值观进行培养和引导,使员工与企业的价值观趋向一致。当企业价值观成为员工认同的价值观时,员工对企业才会有依赖,才会努力去维护品牌形象,而非落井下石。

(3) 全员行为管理

虽然人的行为是受自己意识所支配,但员工的行为,其实很大程度上取决于企业的管理。因为企业整体的管理氛围会让员工自觉或不自觉地做出一些行为。员工的行为管理不是一味地采用高压政策,通过制度与情感的运用来规范员工行为,将会创造出一个和谐的氛围。

(4) 全员形象管理

企业品牌要以企业员工的个人品牌为基础。而个人品牌是多种信息的组合,包括形象、行为和谈吐。对全员进行形象管理就是对企业品牌精致化的管理。相信一个衣冠不整的销售员,即使把产品说得天花乱坠也很难把产品销售出去。相反,规划统一的形象,则有助于品牌好感的建立。如某品牌感冒药招来一大批医学院女生,这些女生着装整齐,统一佩戴医学院校徽在终端药店进行促销,多会赢得消费者认可,使其成功地在众多促销品牌中脱颖而出。

总之,进行全员品牌管理,让品牌在不同时间、不同地点、不同人口中传递出同一个声音,为品牌打造一个坚实的防护体系,让品牌走得更快、更稳。

(资料来源:http://m.oh100.com/peixun/pinpaiguanli/270955.html.[2023-10-9].)

思考:互联网时代如何进行品牌管理?为什么要进行全员品牌管理?

任务一　网络营销品牌管理

一、网络品牌的发展

（一）网络品牌的内涵

品牌是一种名称、术语、标记、符号或图案，或是它们的相互组合，用以识别某个消费者或某群消费者的产品或服务，并使之与竞争对手的产品或服务相区别。

广义的网络品牌是指一个企业、个人或者组织在网络上建立的一切美好产品或者服务在人们心目中树立的形象。狭义的网络品牌又称网络商标，是指公司名称、产品或者线下品牌在互联网上的延伸。产品商标注册后，受商标法的保护，在国家商标总局所注册的商标保证了线上、线下品牌在互联网上的安全使用。

网络品牌有两方面的含义：一是通过互联网手段建立起来的品牌，二是互联网对线下既有品牌的影响。两者对品牌建设和推广的方式及侧重点有所不同，但目标是一致的，都是为了企业整体形象的创建和提升。

（二）网络品牌的发展

网络品牌是随着 20 世纪 90 年代中国互联网商业化应用的发展而发展起来的。品牌意味着高附加值、高利润、高市场占有率，是消费者的首选对象，优秀的品牌能够为互联网企业带来较高的用户流量。在互联网时代，企业之间的竞争已经发展到了品牌的竞争，能够给用户带来美好体验的互联网品牌更能在竞争中获得绝对优势，从而获得消费者积极正面的评价以及市场的肯定。

在当下的经济环境之下，消费已经不仅是对商品的消费，更是对商品品质、购物体验和多元化需求的追求。以年轻化、品牌化、智能化为代表的新锐品牌在近些年飞速崛起。所谓新锐品牌，就是开拓了新的消费场景、满足了用户新的消费需求、改变了大众固有的消费习惯，并利用数字化营销，迅速崛起为大众熟知的新兴品牌，或是做出革新的传统品牌。

根据 VCON 新锐品牌展联合巨量算数、益普索共同发布"2023 中国新锐品牌发展报告"，中国新锐品牌发展趋势及特点如下。

1. 消费市场回暖，消费信心回升

根据国家统计局数据，2022 年我国全年社会消费品零售总额 439 733 亿元，比 2021 年下降 0.2%。受疫情影响，聚集性、接触性消费受限，居民消费意愿下降，不敢消费、不便消费问题比较突出。但在国家促进消费的政策下，国内消费市场逐步稳定，并出现了新变化，2022 年全国实物商品网上零售额占比 27.2%，比上年提高 2.7 个百分点，升级类消费需求也在持续释放。

随着限制性政策的逐步解除，走亲访友、娱乐等各种活动迅速回升，人们正在以更积极的态度面对未来生活。从未来一年消费品类开支变化来看，虽然日常必需品与防疫产品仍占据未来主要消费，但大众已不再盲目囤货。提高自身健康、免疫力和改善体质的生

鲜食品、牛奶乳品、保健品和运动产品成为未来的花费重点,国内旅行或将迎来复苏时期。

2. 产品力奠定产品长红潜力

从火热到冷静,新锐品牌着眼长期主义。新锐品牌的发展趋势,既向市场呈现了百花齐放的生长格局,也暴露出了核心根基不稳等内在问题。新锐品牌普遍缺乏核心供应链环节,产品研发没有竞争壁垒,创新同质化跟风已成为行业通病,套路式营销体系在越发理性的消费者面前失去了魔力等。事实上,对于大多数新消费品牌来讲,流量红利减退仅仅只是凸显于浅层的表面危机,而迟迟无法建立的核心竞争力才是其不得不应对的深层困局。

后起之秀不再急于求成,稳扎稳打向长红方向努力。以美妆日化行业为例,不少"后完美日记时代"的品牌们,其认知理解已经从营销驱动升级为产品驱动。虽然基于美妆个护的体验型消费特性,营销投入依然是品牌快速起量的重要打法,但大家正逐渐从曾经的"偏科"状态,进入产品+营销共同修炼的全面发展阶段。

3. 营销力助力产品力生效

产品力和营销力双轮驱动,让好产品被看见。产品力奠定了产品的长红潜力,如何让用户看到,则是对品牌营销力的考验。如果品牌仅在产品的认可度上发力,但没有匹配合理的传播经营,通过自然流量或者传统的经营手段,对于新锐品牌想要实现快速的增长仍存在很大的困难。在一定的产品力基础上,通过营销将品牌、产品快速地让用户看到并建立认知,才是新锐品牌实现长效经营的重点。

线上渠道的蓬勃,带来新锐品牌新发展。伴随线上渠道的蓬勃发展,线上的内容平台已经建立起了与消费者充分沟通的连接,这种频繁的沟通首先带来的是用户的信任感。根据巨量算数调研数据,短视频已经成为用户获取家居、家装资讯最主要的渠道,新鲜有趣的内容、短视频与直播结合的形式为用户提供了更为直观的感受,因此收获了信任。除了家居领域之外,短视频平台也成为新茶饮信息扩散的重要渠道,仅次于朋友间的口口相传。

当品牌遇见兴趣电商:品效合一新转化路径的最后一公里。随着抖音内容生态的不断丰富,由短视频、直播的内容推荐方式,让用户在发现有趣内容的同时,也激发了其对消费的兴趣。从另一方面来看,这样的转化路径也是品牌实现品效合一的有效助力。短视频和直播双驱动唤起用户兴趣,短视频内容和直播多场景的触达,会引发用户的主动搜索行为,基于兴趣的内容匹配和分发也成为了抖音电商长期运营的核心。在抖音电商中,消费者的购买路径已经不同于货架电商的"人找货",而是基于用户潜在需求的"货找人"。这也是定位于"兴趣电商"的抖音电商与货架电商的最大不同。兴趣电商颠覆了过去的导购式购物,以视觉化的商品内容为核心,聚焦于对商品内容的运营和兴趣内容的推荐,以激发兴趣为出发点,将带有商品的短视频或直播分发给有需求的消费者。具体如图8-1所示。

二、 网络品牌的特点

不同于传统品牌,互联网品牌具有许多独特的特点。这些独有的特征是区分两种品牌类型的重要参考依据,同时也是进行互联网品牌构建的基础,只有深入地了解互联网品牌的特征,才能构建出成功的、经久不衰的互联网品牌。

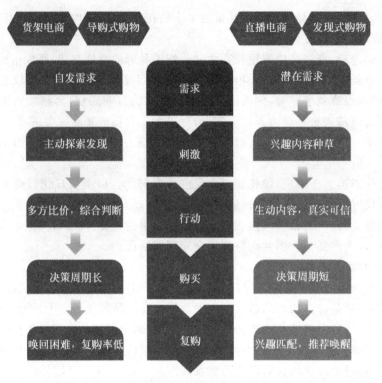

图 8-1 抖音电商与货架电商消费者购买路径对比

（一）唯一性

唯一性是网络品牌的显著特点，是指网络经济是注意力经济，它所注意的对象只能是唯一的。对于传统品牌，一个行业可能会存在多个品牌，例如运动鞋行业里面的阿迪达斯和耐克，这些品牌可以各自独立地实现长久的共存，而互联网品牌想要在市场竞争中生存下去就必须成为该行业里的唯一存在。例如携程和艺龙的合并，美团和大众点评的合并，都表明了互联网品牌的唯一性特征，在某一互联网行业中，不同的品牌要么走向合并，要么其中一个品牌淘汰掉剩余所有的品牌，这一显著特征是由互联网经济的排他性特点所决定的。

（二）独创性

想要保持网络品牌在该行业领域的唯一性，则其必须具有独创性。而确立市场细分化和专业化的定位就是基础。2004 年 4 月，一家名为"我的百分之一"的原创女装网店在武汉创建，它是淘宝首家原创女装店，也是淘宝女装类首家四金冠店铺。此后，随着互联网技术的发展和淘宝网的日益成熟，裂帛、阿卡、茵曼、七格格、欧莎、天使之城等原创女装相继涌现。它们虽不具备品牌竞争优势，但各具风格和个性，拥有独特的消费群体，发展势头强劲。

（三）个性化

互联网营销所涵盖的是依托互联网传播和当代消费群体的思维，即强调个性，比如由陈欧所代言的"聚美优品"正是展现了互联网营销的特点,即由创始人讲述的创业故事和传奇经历来提升"聚美优品"的价值观,陈欧的创业理念通过众多广告宣传展现出来,将品牌建设与个人形象紧密结合,使得"聚美优品"具备了良好的口碑和传播效应,其中的广告语"我是陈欧,我为自己代言"符合当代互联网消费群体的个性化诉求,将自身的个人形象和品牌建设有机融合,获得了意想不到的传播效果。个性化要求企业将资源集中在某一专业领域,并要保障资源的持续供给。

(四)快速反应

在互联网时代,无论是用户的需求还是市场的需求,都在以日新月异的速度发生变化,一个成功的互联网品牌必须具备快速反应的能力,反应的迟疑很有可能会将该品牌带入不可挽回的境地。一些著名的互联网品牌,比如微信、淘宝等,都在根据市场和用户的需求不断地进行品牌升级,通过不断地改变满足用户日益变化的需求,让互联网品牌可以在激烈的竞争中得以生存与发展。

三、网络品牌的塑造

(一)品牌定位

网络品牌的个性化、独创性特征要求品牌定位要围绕用户体验,在对市场、文化和社会环境充分调研的基础上,针对用户诉求、用户需求,做出符合互联网虚拟场景下的定位。

(1)针对用户诉求,通过痛点定位的方法,挖掘痛点,寻找创新的解决方案,为用户带来的价值。用户痛点的发掘需要对目标群体进行深入、长期的观察和记录,也可以通过对目标用户群体的进一步细分实现,根据细分用户群体的不同特征来梳理他们遇到的问题。比如共享单车解决了用户的痛点:早晨睡过头,下了地铁还要走几百米才能到公司,害怕迟到被骂、被扣工资,这时街边有辆共享单车,你下意识就会解锁骑车。

(2)针对用户需求定位。人的需求本质上是丰富多样的,满足用户多种需求的互联网品牌能够丰富用户的体验层次,提升用户对品牌的美誉度和忠诚度。无论是对于初创的互联网品牌,还是成熟的互联网品牌,通过整合用户多层次需求实现品牌定位都能够为品牌带来超出预期的价值。网易云音乐通过对用户的深刻洞察,将"互动与交流"的社交需求和听音乐的需求进行巧妙地结合,实现了整合用户多层次需求的品牌定位:音乐交流平台成功地在用户内心塑造了独特的品牌定位,在音乐软件领域获得成功,夺得了该领域的大部分市场份额。

(3)虚拟场景构建定位。构建虚拟场景的目标是将具有相同心理特征和精神追求的人群聚集起来形成一个群体,满足置身群体中的所有用户对归属感诉求的需要。线上虚拟场景本身是没有价值的,它吸引用户进入并且为用户之间的互动提供了可能性的前提,用户之间通过互动激活虚拟场景,最终使得虚拟场景产生价值,例如天涯这一互联网品牌,通过构建精神家园这一虚拟价值观场景,吸引具有文青气息的用户群体,而这群具有相同情怀的用户通过彼此之间的互动与交流,形成了一种紧密的情感联系,从而激活了场景,满足了用户的归属感诉求,为用户带来了价值,最终实现品牌的定位。

（二）品牌塑造

（1）通过品牌符号设计塑造外在形象。品牌符号是由品牌名称、logo、slogan 等外在表现元素所形成的一个有机体,是用户了解品牌个性特征的重要信息来源。用户对品牌个性初步印象的形成往往是品牌的外在表现所决定的,而这种初步印象则决定了用户是否会继续深入了解品牌的内在个性,所以品牌符号对品牌个性的塑造具有重要的价值。品牌名称和品牌 logo 首要解决的问题,是如何增强用户对品牌的信任感,提升互联网品牌人格的真实性,通过现实环境中真实存在的事物对互联网品牌命名能够快速地拉近与用户的距离,使虚拟的互联网品牌和真实存在的事物之间建立一种映射关系,并将真实存在事物所代表的人格特征赋予到虚拟的互联网品牌上,从而增强品牌人格的真实性,快速塑造互联网品牌的人格。此外,面对品牌 logo 设计特征鲜明的符号,从而加深用户对互联网品牌的记忆。互联网品牌的名称还应该接地气、朗朗上口,这有利于品牌的传播,从而加快品牌的个性塑造进程,比如三只松鼠、飞猪、天猫等。

（2）设计品牌故事,使品牌人格更具有温度。设计品牌故事可以完善品牌的人格,让品牌的人格更具有温度,从而使用户与品牌之间建立亲密的情感联系,提升消费者对互联网品牌的信任度。故事的生动性和感染力强等特性也使得消费者更愿意通过故事来了解一个品牌,拥有故事的互联网品牌能够激发用户的好奇心,促进用户深入了解品牌的内涵。

（3）网络舆情为品牌营造了良好的社会评价环境。通过网络舆情营造良好口碑的过程主要有舆情的监测、预警和引导。对于舆情的监测,互联网品牌需要不断扩大监测的范围,不应局限在微博、贴吧、虎扑等用户活跃度高的社区,应使所有关于品牌的信息都能得到监测;对于舆情的预警,互联网品牌需要提升预警方式的多样性,通过短信、邮件等多样化的方式进行通知,确保预警信息不被遗漏,提升预警的有效性;对于舆情的引导,互联网品牌需要注重引导方式的合理性,以用户可接受的方式对用户进行引导,提升引导的成效。

（三）品牌传播

（1）要产出高质量的内容。随着消费的不断升级,用户对内容质量的要求越来越高,具有高质量内容的互联网品牌更容易给用户带来美好的体验,为品牌的传播创造良好的基础条件,因此互联网品牌应该集中资源放在高质量内容的产出上,尤其是那些以内容为主导的互联网品牌,内容成为品牌成败的关键。

（2）打造良好的口碑。互联网时代的信息传播模式是去中心化的,是以每个单独的个体为中心的网状扩散的模式,每个个体都可以成为传播的中心。因此互联网品牌应该以每个用户为中心,通过为每个用户提供优质的服务,在目标用户群中形成良好的品牌口碑,从而形成由内到外的扩散,实现品牌的传播。

（3）设计热点话题。一个热议的话题或事件能够吸引大量用户,在短时间内带来巨大的用户流量,快速地将一个品牌引爆。虽然随着时间的推移,热点话题会慢慢淡出用户的视线,但是在用户讨论热点话题期间,品牌已经完成了传播的目标,提升了知名度并带来了新的用户流量。

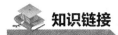 知识链接

三只松鼠如何成功地塑造其网络品牌

三只松鼠是中国首家网络食品品牌,其可爱活泼的品牌形象深得消费者的喜爱,在其发展过程中形成了与消费者情感沟通的萌文化。

三只松鼠品牌的线上创新策略主要从消费者的视觉、兴趣、成就感、求知欲、安全感等方面入手,加深消费者对品牌和产品的了解,实现从品牌认知到品牌认同。

（1）视觉新鲜。三只松鼠的品牌形象设计可爱,在产品的包装设计、外装箱设计,甚至随产品赠送的小礼品设计都很简洁时尚,并且具有统一性;三只松鼠的官网、网店的设计也很简洁时尚,紧扣"森林食品"的概念,如图 8-2 所示。

图 8-2　三只松鼠的 logo

（2）提升兴趣。三只松鼠通过微博粉丝大数据分析和分类,将消费者分为吃货相关、零食相关、动漫相关等六大类,针对细分群体的不同个性和兴趣进行更有针对性的营销,提升消费者兴趣。

（3）满足成就感与求知欲。电子微杂志《松鼠志》发布用户制作投稿的图片、声音节目等。鼓励用户上传分享自己制作的、与三只松鼠相关的影像,或带三只松鼠形象或体验品的照片,再利用网络传播作为用户壁纸、表情包等。

任务二　网络营销组织管理

一、网络营销的人力管理

人才是企业发展的根本,目前国内企业的电子商务人才非常紧缺。

（一）多渠道常规化招聘人才

网络招聘渠道很重要,作为招聘的对象,网络营销人才是网络时代的弄潮儿,他们接触最多的是互联网,所以企业可以通过网络快速招到合适的人才。第一个渠道就是平常接触比较多的社交渠道,比如微博、微信朋友圈等,这个渠道有时效性,受众往往较少。第二个渠道是招聘网站,现在使用比较多的是智联招聘、前程无忧、58 同城等综合招聘网站,很多企业将这些综合网站作为招聘的主要渠道,综合招聘网站也有一些缺点,比如信息量太大,简历筛选很麻烦,对招聘的岗位没有很强的针对性等。现在一些针对行业的招聘网站也会有一些不错的效果,比如傲马网络营销人才网,就是只针对网络营销人才的招聘,网站分网销主管、编辑、推广、客服、销售五大版块进行招聘,提供专业的网络营销人

才,具有很强的岗位针对性,同时还具有学习网络营销基础技能与社区交流功能,能够帮助企业快速招到专职、专岗的人才,是一个很不错的选择。

(二)有配套人员的培养计划

当一位新员工进入公司后,首先应在原聘用部门积累经验,经过一定的时间后开始轮换岗位。每一次轮换过程的时间最好不要超过两年,用以培养部门间相互合作的能力。

(三)组织业务人员参与大型系统开发项目

这对于以往习惯于在业务轨迹上发展的人员而言,是一个绝佳的学习机会,可以帮助企业培养多样化的人才。

 阅读链接

亚马逊的人力资源管理

现代企业需要德才兼备的人才,《孙子兵法·谋攻篇》中曰:"大将者,国之辅也。辅周则国必强,辅隙则国必弱。"企业要通过健全人才录用制度,积极开展培训工作,建立公正的用人制度,加强员工关系管理,做好帮助人才发展等工作,营造良好的企业环境,吸引人才,留住人才。现代企业能否留住人才可能关系着企业组织的生存与发展。

亚马逊人力资源管理的特色如下。

1. 不拘一格用人才

亚马逊公司的多元化发展带来人员变动或企业组织调整。亚马逊公司的网络营销部门、库存管理、物流等部门均需要专业人才,企业用一种信仰吸引人才,培养并建立员工的忠诚度,形成积极团结的企业文化。人才是企业永葆青春活力的关键,亚马逊不拘一格用人才,员工有职业运动员,也有艺术家、音乐家、私人教练,还有退休警察。

2. 设计各种培训

亚马逊公司为新入职员工提供入门指导培训,为已在职的各个部门员工提供各种专业培训,根据学员需求开发课程,提供电子商务培训、产品开发的培训等。培训内容以实际运用为核心,结合学员掌握电子商务的实际情况,全面提升员工电商营销技能以及客户服务能力。贝佐斯相信自己正在创造历史,无论穿着、爱好,能创意、有信仰,就能成为公司一员。亚马逊公司向传统挑战,偏爱创意人才,并为员工提供量身打造的培训。

3. 团队文化

亚马逊公司讲究团队文化,对一个企业来说,团队就是最大的资产。好比一个设备,不能随随便便地更换零件。亚马逊讲究团队文化与服务热情,新应聘的员工可能会做性格测试,看好员工内在素质。

4. 绩效考核与薪酬体系

亚马逊公司通过薪酬体系鼓励有进取心、聪明、善于思考的员工。采用适合公司的考核标准与考核流程,对各个部门岗位做了详细的职责说明,对每个员工在工作中如何规范操作与完成岗位任务做了详细规范。《孙子兵法·计篇》中曰,"将者,智、信、仁、勇、严也",也就是说,智谋才能、赏罚有信、爱抚士兵、勇敢果断、纪律严明,为此亚马逊公司制定了较为严格的考核标准,并以客户至上。

5. 晋升与员工职业发展

亚马逊各个部门与中高层每年召开会议,讨论员工的长处与不足,然后会给一批员工升职。公司组织结构采取扁平化管理,运营中心按照小时计算工资,新员工、产品经理、资深经理、总监、核心领导团队等均是如此。

二、 网络营销的业务流程管理

企业网络营销的流程大同小异,一般流程如下。

首先明确网络营销的目的,之后进行网上市场调研,处理网络商务信息;在此基础上,进行网络消费者行为分析、目标市场定位,制订网络营销策略,确定网络推广的形式,搭建网络平台。接下来实施网络推广,最后进行网络效果测评。

要根据业务实际情况优化流程,当业务发生改变时应及时调整流程,具体如图 8-3 所示。

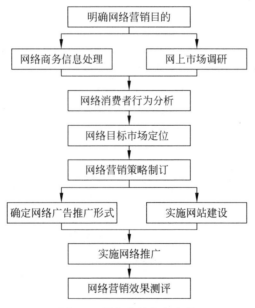

图 8-3 网络营销业务流程

网络营销管理贯穿于整个网络营销活动中,网络营销管理的内容相当繁多,每一项网络营销职能均包含多种具体的网络营销管理内容,在不同的阶段,网络营销管理的任务和实现手段也会有一定的差别,有些属于阶段性网络营销管理,有些则属于长期性、连续性的管理内容。

任务三 网络营销风险管理

一、网络营销面临的风险

网络营销风险是指在网络营销活动过程中,由于各种事先无法预料的不确定因素所带来的影响,使网络营销的实际收益与预期收益发生了一定的偏差,从而有蒙受损失和获得额外收益的机会或可能性。

企业从事网络营销会面临市场风险、技术安全风险、支付安全风险、信用安全风险、法律风险、制度风险和管理风险。

(一)市场风险

市场风险主要源于网络市场的复杂性。面对前所未有的广阔的市场空间,企业一方面对网络消费者需求特征的把握更加困难,另一方面竞争对手更多且更加强大,市场竞争空前激烈。同时,由于网络市场中产品的生命周期缩短,新产品的开发和盈利的难度加大,使得企业面临更大的市场风险。

(二)技术安全风险

近年来,随着我国经济的快速发展,虽然网络基础设施的建设也获得了很快的发展,但是还不能完全适应网络营销快速发展的需要。技术安全风险主要指网络软硬件安全、网络运行安全、数据传输安全等方面的问题,其中,计算机病毒和网络犯罪是造成技术风险的主要原因。技术风险给企业带来的危害主要包括服务器遭受攻击后无法正常运行,网络软件被破坏,网络存储或传递的数据被未经授权者篡改、增删、复制或使用等。可以说技术风险造成的损失是巨大的。

(三)支付安全风险

网上支付是取代银行汇款、邮政汇款、货到付款等传统支付手段的现代化支付方式。上网购物给我们带来了便捷和优惠,同时也让我们对网络支付的安全性有所质疑,最终还有部分买家因此只能望而兴叹。目前,企业对网络营销最担心的问题之一是支付的安全问题,有很多企业对网上交易的安全性表示担心。这主要是因为目前缺乏满足网络营销所要求的交易费用支付和结算手段,银行的电子化水平不高,安全性差,银行之间相对封闭。虽然银行方面也做出了很大的努力,但远不能满足全面网络营销的要求,消费者面临网上欺诈的危险,害怕自己的信用卡号码被盗用,担心个人隐私被泄露。而企业与企业之间安全、快捷的资金结算更有很长的一段路要走。因此,建立一个安全的交易环境将是网络营销亟待解决的问题。网上支付不统一,难以实现真正意义的网络营销。网络营销的核心内容是信息的互相沟通和交流,交易双方通过互联网进行交流、洽谈和确认,最后才能发生交易。而对于通过网络经营手段进行交易的双方来说,只有银行等金融机构的结算介入才能最终完成。这就需要有银行的信用卡、电子货币等各种电子支付方式的支持和保证。而目前,我国各大专业银行选用的网络通信平台不统一,各银行的信用卡不能通用,无法实现各银行之间跨行业务的互联、互通,直接限制了网络营销的发展。

(四)信用安全风险

信用风险是网络营销发展中的主要障碍,这是因为网络营销是建立在交易双方相互信任、信守诺言的基础之上的。我国的信用体系还不健全,假冒伪劣商品屡禁不止,坑蒙、欺诈时有发生,市场行为缺乏必要的自律和严厉的社会监督。消费者担心将货款汇出后得不到应有的商品。企业担心拿到的信用卡号码是盗用的而在收款时出问题。网络技术异化,一定数量的网站成为经济欺诈的"帮凶",一些网站甚至成为骗钱的工具。许多电子商务是"穿新鞋,走老路",即"网上订货,场外交易"。中国虽然已经进入了市场经济阶段,但因为市场经济管理和法治建设的相对滞后,一直未能建立起与市场经济相适应的信用保障体系。与网络经济相比,中国的信用保障体系更处于待建阶段。

(五)法律风险

网络营销经过多年的发展,逐步走向正规化,相关的法律法规相继出台,有力地促进了网络营销的发展。尽管我国对电子合同的法律效力、知识产权的保护、网上支付、电子证据等进行不断研究,但这些法律法规的内容远远不能适应电子商务的发展,很多商务活动还找不到现成的法律条文来保护网络交易中的交易方式,导致交易双方都存在风险。另外,由于网络营销可以在不同国家和地区的企业、个人之间交叉进行,但各国的法律不同,社会文化、风俗习惯又有很大的差异,因此,很有可能在一方看来是正当的交易,但在另一方却认为是不可接受的,从而导致交易的失败或受到限制。

(六)制度风险

与网络营销风险有关的制度主要指宏观经济管理制度,其中,最主要的是系统的法律制度和市场监管制度。制度的建立和实施是维持良好市场秩序的基石。企业作为市场活动的主体,在制度不健全的市场体系中从事营销活动,必然会遇到市场秩序紊乱所带来的制度风险,并引发信用风险、资金风险等一系列潜在风险。而宏观管理制度的缺乏正是目前网络市场的一个重要特征。

(七)管理风险

在网络营销活动中,交易的顺利进行、企业的生产经营都依赖于严格的管理,而人员管理制度的不健全常常是造成网络营销风险的主要因素。在我国,计算机犯罪呈现出内部犯罪的趋势,大都是由于内部工作人员职业道德修养不高、安全教育及安全防范意识欠缺、管理松散所导致的。

二、 应对风险的对策

(一)完善国家宏观管理体制

保证市场秩序、维护经济运行是政府责无旁贷的任务。在极具发展潜力的网络市场中,政府首先应致力于制度建设和法治建设,使企业的经营活动有序开展,保证社会信用体系的建立健全;其次,政府应以防范制度风险作为基础。针对所有的网络营销风险,或制订恰当的政策,或进行积极的引导,使企业对风险防范和控制有充分的准备;再次,政府还应加强对风险防范的监督和协调,为企业提供诸如市场信息、产业动态等多方面的帮助,尽可能地使企业减少面临网络营销风险的可能性。

(二)加强企业制度建设

网络营销风险防范和控制的重点在企业,而企业的制度建设是有效防范各类风险、减少风险损失的主要手段。为有效防范和控制网络营销风险,企业应着重加强有关的制度建设:一是人员管理制度,严格制订各级人员的行为权限,明确其权责范围,以此来规范企业内部人员的行为,并通过教育培训提高人员的风险防范意识和能力;二是风险控制制度,为企业在风险决策、交易管理、危机应急等状况下提供规范的处理方法与应对机制;三是监督制度,通过严格的监督、监管,保证各项制度和措施能够顺利实施并充分发挥效用。在此基础上,几种制度相互结合,为企业有效防范和控制网络营销风险提供制度保证。

(三)建立有效的预防机制

预防机制的建立,虽然需要企业先期投入一定资本,但是完善的预防体系能够有效地帮助企业规避风险,避免网络营销风险带来现实的损失,因此,风险防范应以预防为主。为此,企业需要建立发达的信息处理系统,及时把握行业信息、市场信息、产品信息,增强知识产权保护意识,对企业的数据库和网站进行严格规范的管理,使用有效的安全管理软件等。

(四)加强信息安全技术研究

网络营销要适应市场全球化的新形势,信息安全至关重要。加强信息安全研究是我国发展网络营销亟待解决的关键问题。信息安全体系的突出特点之一是必须有先进的技术系统作为支持。在安全技术方面,涉及技术标准、关键技术、关键设备和安全技术管理等环节,而其核心问题有两个:①有关的安全技术及产品必须也只能是我国自主开发和国产化的;②信息安全技术的开发与采用和国产信息安全产品的采购与装备,也应纳入法制的范围。

(五)建立健全信用评估体系

建立我国完善的信用评估体系是网络营销得以迅速发展的重要组成部分。建立完善的信用评估体系要从以下几方面着手:①建立健全科学的信用评级体系,建立科学的信用评级体系要做到国际惯例与中国国情相结合,以及传统研究方法与现代先进评级技术和互联网技术相结合;②建立独立、公正的评级机构,信用评级机构不能受到政府、企事业单位和被评级对象的干预;③政府积极支持信用评级机构开展工作。

（六）完善网络交易的法律法规

无论网络安全、网上结算还是货物配送，都涉及法律法规问题。只有健全法制，严惩违法者，才能保证网络营销的正常运行。因此，国家必须在立法和执法上加大力度。从网络安全来说，要组织力量，选择符合我国国情的网络交易安全技术，积极开发我国自己的网络安全产品。要强化对网络交易的安全管理，制订有关的网络交易标准和管理标准，规范买卖双方和中介方的交易行为。要尽快完善网络交易相关的法律法规，明确交易各方当事人的法律关系和法律责任，严厉打击利用网络营销进行欺诈的行为。

 思政小课堂

义　利　观

君子喻于义，小人喻于利。

——孔子

义利观是一种经济伦理思想。义是某种特定的伦理规范，道德原则。利多指物质利益。如何看待二者的关系，便形成义利观。

正确的义利观是以重义轻利为基础，为社会普通群众创造价值，汲取较少的物质财富。在中国传统美德中，正确的义利观占有很高的地位，是中国古代人民所推崇的做人经商的终极追求。

在对企业网络营销运营进行全程管理的过程中要树立正确的义利观，不仅注重利益，更要维护商业道德和公平竞争，实现合作共赢。通过网络营销品牌管理建立品牌信用，积极建设自有品牌，为中国文化自信做出贡献；在网络营销人才资源管理中，要求员工坚守职业道德和商业道德；在网络营销业务流程中，注重构建公平、诚信、可持续的商业生态。

 项目实训

一、理论知识实训

1. 单项选择题

（1）（　　）网络品牌又称网络商标，是指公司名称、产品或者线下品牌在互联网上的延伸。

　　A. 广义的　　　　　B. 狭义的　　　　　C. 完整的　　　　　D. 全部的

（2）网络品牌是随着（　　）中国互联网商业化应用的发展而发展起来。

　　A. 20 世纪 90 年代　　　　　　　　B. 20 世纪 80 年代

　　C. 19 世纪 90 年代　　　　　　　　D. 21 世纪 90 年代

（3）文化产品满足马斯洛需求的（　　）。

　　A. 自我实现　　　B. 情感需求　　　C. 安全需求　　　D. 基础需求

（4）网络营销（　　）的产生主要源于网络市场的复杂性。

　　A. 支付安全风险　　B. 技术安全风险　　C. 市场风险　　　D. 法律风险

（5）与网络营销风险有关的制度，主要指（　　）。

  A. 微观经济管理制度   B. 企业内部制度

  C. 行业相关规则   D. 宏观经济管理制度

2. 多项选择题

（1）品牌是一种（　　）或图案，或是它们的相互组合。

  A. 名称   B. 术语   C. 标记   D. 符号

（2）新锐品牌以（　　）为代表。

  A. 年轻化   B. 品牌化   C. 智能化   D. 网络化

（3）网络品牌的特点有（　　）。

  A. 唯一性   B. 独创性   C. 个性化   D. 快速反应

（4）网络品牌的个性化、独创性特征要求品牌定位要围绕用户体验，进行（　　）。

  A. 产品定位   B. 痛点定位

  C. 需求定位   D. 虚拟场景构建定位

（5）品牌符号是由（　　）等外在表现元素所形成的一个有机体

  A. 品牌名称   B. 网站   C. logo   D. slogan

二、综合能力实训

知名网络品牌塑造调研

1. 在互联网上搜索《2022新锐品牌价值榜》，选择其中三个品牌，查找相关资料填写表 8-1，分析其网络品牌的塑造。

表 8-1 记录表

品 牌 名 称		品牌名1	品牌名2	品牌名3
品牌定位	痛点定位			
	需求定位			
	虚拟场景构建定位			
品牌塑造	品牌符号			
	品牌故事			
	网络舆情			
品牌传播	产出内容			
	用户口碑			
	热点话题			
问题和启发				

2. 根据以上品牌调研，说说互联网时代新创企业如何塑造品牌。

参考文献

［1］菲利普·科特勒，凯文·莱恩·凯勒.营销管理［M］.何佳讯，于洪彦，牛永革，等译.15 版.上海：格
    致出版社，2016.

［2］黄燕，刘建珍，胡丽娟.网络营销与策划［M］.上海：同济大学出版社，2020.

［3］毛利，文勇，罗新林.网络营销［M］.上海：上海大学出版社，2020.

［4］付鸿珍.网络营销［M］.北京：电子工业出版社，2021.

［5］仇磊.基于用户体验的互联网品牌构建与设计研究［D］.无锡：江南大学，2021.